Silvia Christine Strauch

Meine Hochsensibilität positiv gelebt

Silvia Christine Strauch

Meine Hochsensibilität positiv gelebt

Persönliche Einsichten aus einem langen, bewegten Leben

Meine Hochsensibilität positiv gelebt, Silvia Christine Strauch

Dieses Buch wird durch einen inhabergeführten sowie unabhängigen Kleinverlag herausgegeben. Es wird versichert, dass keine Beteiligungen durch internationale Investorengruppen, Großverlage oder sonstige Konzerne bestehen. Der Inhalt dieses Ratgebers folgt ausschließlich freigeistigen und fachlich orientierten Gesichtspunkten.

Lektorat/Korrektorat: Maren Klingelhöfer
Umschlaggestaltung: dielus
Umschlagabbildung: ©iStock.com/goccedicolore
Printed in Germany

ISBN 978-3-9817975-0-3

Bibliografische Information der Deutschen Bibliothek: Die Deutsche Bibliothek verzeichnet diese Publikation in der Deutschen Nationalbibliografie; detaillierte bibliografische Daten sind im Internet abrufbar über https://portal.d-nb.de.

Inhaltsverzeichnis

Vorwort

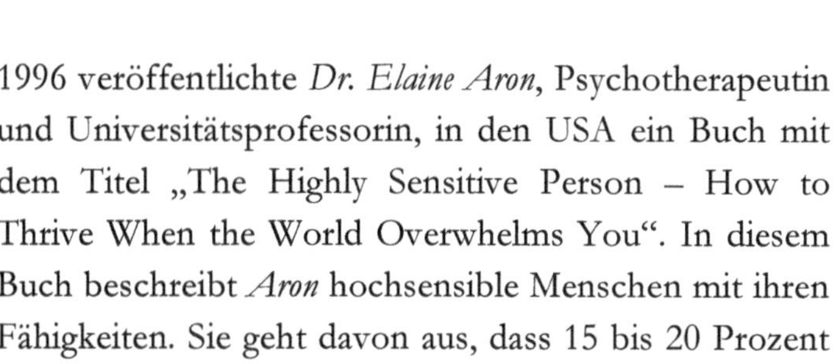

1996 veröffentlichte *Dr. Elaine Aron*, Psychotherapeutin und Universitätsprofessorin, in den USA ein Buch mit dem Titel „The Highly Sensitive Person – How to Thrive When the World Overwhelms You". In diesem Buch beschreibt *Aron* hochsensible Menschen mit ihren Fähigkeiten. Sie geht davon aus, dass 15 bis 20 Prozent der Menschen hochsensibel veranlagt sind. Diese hochsensiblen Persönlichkeiten (HSP) nehmen sich schon in der Kindheit als andersartig wahr.

Eine hochsensible Person verfügt ganz einfach über eine stärkere Sinneswahrnehmung als die Menschen in ihrer Umgebung. Die Eindrücke aller Sinne werden nicht so stark gefiltert wie bei anderen Menschen, was zu einer intensiveren Wahrnehmung der Reize sowie zu einer eingehenderen Verarbeitung führt. Dies kann auch mit einer verstärkten Schmerzwahrnehmung einhergehen sowie mit einer hohen Empfindlichkeit gegenüber Koffein, Alkohol, Medikamenten oder auch Drogen.

Dementsprechend fühlen sich Hochsensible unter den gleichen Umständen schneller gestresst als andere Menschen, nehmen allerdings viele Dinge genauer auf. Hochsensibel zu sein ist nicht mit einer Wertung verbunden. Es hat sowohl Vor- als auch Nachteile, zur Gruppe der hochsensiblen oder der nicht hochsensiblen Menschen zu gehören. Beide Gruppen sind für das Le-

ben notwendig, sonst hätte sie die Evolution nicht hervorgebracht. Es gilt, ihre Eigenschaften zu erkennen, zu achten und sinnvoll einzusetzen.

Hochsensible Personen verarbeiten das Wahrgenommene gründlicher. Ein typisch hochsensibler Mensch ist gewissenhaft und sehr verlässlich und geht auf die Bedürfnisse seiner Umgebung ein – gleichgültig, ob im beruflichen Umfeld wie bei Kunden und Kollegen oder auch im privaten Bereich bei Freunden. Am Arbeitsplatz sind hochsensible Personen darauf bedacht, ein positives soziales Klima zu schaffen. Sie bemerken viele Feinheiten, die anderen verborgen bleiben, fühlen sich aber auch schnell überreizt. Sie können unter Druck schlecht arbeiten. Hochsensible Personen machen auch oftmals einen nicht so geselligen Eindruck, da sie einfach mehr Ruhe benötigen.

Hochsensibilität ist keine Krankheit. Es ist weder eine Neurose noch eine Sozialphobie. Allerdings kann der Begriff Hochsensibilität durchaus als Begründung für Krankheiten missbraucht werden. Hochsensibilität darf nicht als Ausrede gelten für irgendwelche psychischen Störungen. Es ist recht leicht, sich hinter Hochsensibilität zu verstecken, doch das hilft niemandem.

Hochsensibilität ist eine Gabe, die durchaus gepflegt und entwickelt werden kann, vor allem der Umgang damit. Eine hochsensible Person sollte sich, wie

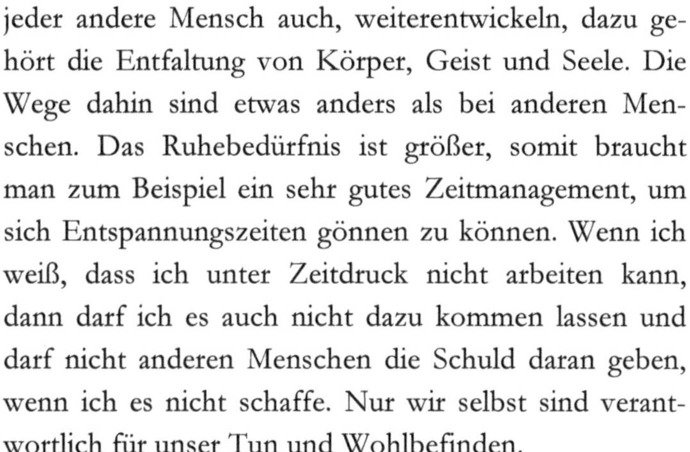

jeder andere Mensch auch, weiterentwickeln, dazu gehört die Entfaltung von Körper, Geist und Seele. Die Wege dahin sind etwas anders als bei anderen Menschen. Das Ruhebedürfnis ist größer, somit braucht man zum Beispiel ein sehr gutes Zeitmanagement, um sich Entspannungszeiten gönnen zu können. Wenn ich weiß, dass ich unter Zeitdruck nicht arbeiten kann, dann darf ich es auch nicht dazu kommen lassen und darf nicht anderen Menschen die Schuld daran geben, wenn ich es nicht schaffe. Nur wir selbst sind verantwortlich für unser Tun und Wohlbefinden.

Eine entwickelte Hochsensibilität ist eine große Gabe und fühlt sich an wie der sechste Sinn.

Mitgefühl, Hilfsbereitschaft, soziale Verantwortung, das alles ist sehr wichtig, um zu mehr Menschlichkeit zu gelangen. Hochsensible Personen sind scharfsinnige Beobachter, aber auch verträumte Einzelgänger. Sie haben eine gute Introspektionsfähigkeit und damit einen guten Zugang zu sich selbst. Eine entwickelte hochsensible Person nimmt die eigenen Bedürfnisse ernst und hat den Mut, die eigenen Gefühle, Träume, Beweggründe und Ansprüche anzusehen und umzusetzen.

Hochsensible Personen besitzen eine hohe Begeisterungsfähigkeit, mögen sich aber oftmals nicht an die normale Welt anpassen. Vieles im normalen Leben erscheint ihnen zu oberflächlich. Sie hinterfragen gerne, es finden sich viele Naturwissenschaftler unter ihnen. Es gibt mehr hochsensible Personen, als man meint, mit Bedürfnissen, Begabungen, aber natürlich auch Schwächen, die sie von anderen Menschen unterscheiden.

Fast alle Menschen haben eine Seite, die besonders sensibel ist. Auch nicht hochsensible Personen können sensibel sein, aber vielleicht nicht so sehr und nicht so oft wie eine hochsensible Person, deren feine Antennen sehr empfänglich für Reize sind. In diesem Buch möchte ich die Entwicklungsmöglichkeiten für solch hochsensible Menschen aufzeigen, damit diese wunderbare Eigenschaft voll genutzt werden kann. Viel Spaß beim Lesen.

Silvia Christine Strauch

PS: Über Feedback und Anregungen freue ich mich natürlich auch. Unter hochsensibel@gmx.com bin ich gut zu erreichen.

1. Kapitel

Persönliche Lebenserfahrungen

1.1 Kindheit

- *Wurden Sie als schüchtern bezeichnet?*
- *Hatten Sie nur wenige Freunde?*
- *Spielten Sie gerne alleine?*
- *Litten Sie unter Prüfungsangst?*
- *Hielten Ihre Eltern und Lehrer Sie für sensibler als andere Kinder?*
- *Schliefen Sie nach einem aufregenden Tag schlecht ein?*

Ich wuchs zwar nicht mit Geschwistern auf, aber meine Eltern hatten Pflegekinder, so dass ich zumindest tagsüber nie alleine war. Trotzdem zog ich es vor, sehr oft allein zu spielen und dabei völlig versunken zu sein. Ich

konnte stundenlang vor der Puppenstube sitzen und mir Geschichten ausdenken. Oder ich ließ am Bach, der an unserem Grundstück vorbeifloss, oftmals lange Zeit einen Bindfaden, den ich an einen kleinen Ast gebunden hatte, ins Wasser hängen, um einen Fisch zu fangen. Wahrscheinlich wäre ich zu Tode erschrocken, wenn sich ein Fisch an dem Bindfaden verschluckt hätte. Häufig kam es zu Gezeter, wenn mich meine Mutter zum Essen rief oder mich zum Spazierengehen abholen wollte.

Ich galt als sehr schüchtern, ich erinnere mich daran, dass mir mein Vater einmal 10 Pfennig gab, mit denen ich mir ein Eis kaufen sollte, aber ich verzichtete lieber auf das Eis, als alleine zum Eisstand zu gehen, um mir eines zu holen. Ich konnte doch nicht einen mir fremden Menschen um ein Eis bitten. Besucher bezeichneten mich oftmals als Träumerin. Ich fand es ganz prima, wenn Besuch kam, denn dann waren alle Anwesenden mit ihm beschäftigt und ließen mich in Ruhe spielen.

Ich hatte schon früh eine besondere Beziehung zur Natur und vor allem zu Tieren, sie waren mein Ein und Alles. Ob Hund, Katze oder nur ein Käfer – ich konnte sie stundenlang beobachten.

Ich sprach nicht viel, das beunruhigte meine Eltern. Ich lebte in meiner eigenen, inneren Welt und wollte

möglichst nicht gestört werden. Dabei war ich durchaus intelligent und lernte noch vor der Einschulung rechnen und lesen. Sobald ich lesen konnte, verschlang ich ein Buch nach dem anderen und kreierte in Gedanken meinen eigenen Film dazu.

Ich erinnere mich an eine Situation, da sollte ein Pflegekind, ein Jahr älter als ich, eingeschult werden und musste einen Test machen. Das waren Aufgaben, die selbst ich schon lösen konnte. Meine Mutter versuchte, mich in einer Art dazu zu bewegen, mitzumachen, die mich stark unter Druck setzte. Ich wusste genau, wie die Lösung lautete, aber ich wollte sie unter diesem Druck einfach nicht aussprechen. Ich hörte nicht mehr zu und war nicht ansprechbar, sondern verzog mich in meine Welt und fand es ganz witzig, dass die mich umgebenden Leute nicht mitbekamen, wie schlau ich war. Nun ja, das hat anschließend eine kräftige Ohrfeige gegeben, aber ich wusste, dass ich mich immer in mir zu Hause fühlen kann. Dementsprechend wurde ich oft als bockig, später dann als altklug bezeichnet – obwohl ich mir doch einfach immer nur sehr viele Gedanken machte.

Im Alter von 6 Jahren besuchten meine Mutter und ich meinen Vater, der auf Montage war. Er reichte mir eine Flasche und bat mich, Trinkwasser für ihn zu holen, und bemerkte dabei noch, dass ich das Wasser aus

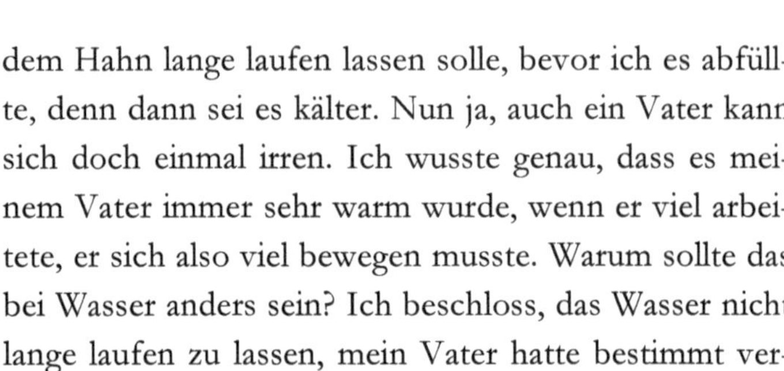

dem Hahn lange laufen lassen solle, bevor ich es abfüllte, denn dann sei es kälter. Nun ja, auch ein Vater kann sich doch einmal irren. Ich wusste genau, dass es meinem Vater immer sehr warm wurde, wenn er viel arbeitete, er sich also viel bewegen musste. Warum sollte das bei Wasser anders sein? Ich beschloss, das Wasser nicht lange laufen zu lassen, mein Vater hatte bestimmt vergessen, dass das Wasser warm wird, wenn es lange läuft. Er hat sich im Übrigen nicht darüber beschwert ...

Etwas Eigenartiges war das Kasperletheater, ich kann bis heute nicht verstehen, was die Menschen daran finden und warum dies ausgerechnet für Kinder lustig sein soll. Ich hatte immer das Gefühl, ich muss mich vor dem Kasperl in Acht nehmen, es war nie eine positive Figur für mich. Und dann schenkten mir meine Eltern auch noch eine eigene Kasperlehandpuppe. Da soll ich etwas mit meiner Hand zum Leben erwecken, vor dem ich eigentlich Angst habe? Nein! Auch Clowns, welcher Art auch immer, erschreckten mich. Selbst jetzt, im Erwachsenenalter, stehe ich Clowns immer noch mit gemischten Gefühlen gegenüber. Das bemalte und damit starre Gesicht wirkt auf mich wie eine Fratze. Ich hatte auch immer Angst vor Masken, Masken sind starr und verraten keine Gefühlsregung.

Ich war eines der Kinder, die gerne an den Weihnachtsmann, das Christkind und an den Osterhasen

glaubten. Erst in der Schule erfuhr ich von meinen Mitschülern, dass es diese nicht geben sollte. Ich konnte es nicht wirklich glauben, kam ganz entsetzt nach Hause und erzählte es meinen Eltern. Denen blieb nichts anderes übrig, als meinen Mitschülern zuzustimmen. Ich war lange Zeit zutiefst betroffen und empfand das nächste Weihnachtsfest als äußerst bedrückend und enttäuschend.

Ich war, besonders in der Grundschule, eine sehr verschlossene Schülerin. Meine mündliche Leistung war nicht zu beurteilen, da ich gar nicht dazu kam, mich zu melden. Ich musste immer so lange überlegen, ob ich die Antwort auch wirklich wusste, ob ich die Frage überhaupt richtig verstanden hatte, dass viele Mitschüler schon längst alles hinausposaunt hatten. Allerdings wurde ich von den Lehrern immer als freundlich und zuvorkommend bezeichnet.

Probleme hatte ich auch meist mit ungünstigen Prüfungssituationen. Ich kann mich erinnern, dass ich während meiner Lehrzeit meinen Lehrjahrskollegen oftmals Nachhilfeunterricht gegeben habe, aber in den Prüfungen schlechter abschnitt als sie. Damals wurde das Multiple-Choice-Verfahren eingeführt, und ich verstand oftmals die Fragen nicht. Ich dachte einfach zu kompliziert, die naheliegende Fragestellung erschien mir zu einfach, und ich musste ständig viel zu lange überle-

gen, wie man die Frage denn noch anders auffassen könnte.

Eigentlich war ich ein Stubenhocker. Ich hielt mich zwar oft im Garten auf und beobachtete die Natur, aber im Prinzip war es mir am liebsten, wenn ich allein in meinem Zimmer bleiben konnte. Dort bastelte ich stundenlang vor mich hin und vergaß darüber die Hausaufgaben. Oder ich las, manche Bücher zum x-ten Mal, oftmals noch abends mit der Taschenlampe unter der Bettdecke. Beim Lesen konnte ich alles um mich herum vergessen und tauchte in meine eigene Traumwelt ein. Mein Vater konnte mich diesbezüglich sehr gut verstehen, meine Mutter versuchte, mich unbedingt unter Leute zu bringen und beschwerte sich darüber, dass ich keine Freunde hätte. Sie versuchte, mich immer wieder dazu zu bewegen, nachmittags hinauszugehen, um mit anderen Kindern zu spielen, und bezeichnete mich als stur und bockig, wenn ich mich sträubte.

Ach ja, Sport war kein gutes Thema in der Jugendzeit, ich war damals alles andere als eine Sportskanone. Das änderte sich erst im Alter von fast 20 Jahren. Ich war das typische Mauerblümchen, das niemand in seiner Mannschaft haben wollte, da ich mich zu ungeschickt anstellte. Ich blieb immer übrig und wurde irgendeiner Mannschaft, gegen deren Willen, zugeteilt, welch Motivation … Auch in Einzelsportarten stellte ich mich lin-

kisch an. Meine Koordinationsfähigkeit ließ sehr zu wünschen übrig, und ich verletzte mich selbst bei leichten sportlichen Betätigungen sehr schnell. Kaum zu glauben, dass sich dies in den späteren Jahren völlig ins Gegenteil wandeln sollte.

Wettbewerb bedeutet für mich in keiner Weise einen Ansporn, schon im Kindesalter nicht. Ich erinnere mich an Jugendwettspiele, damals auf dem Gymnasium, es ging um einen Fünfzigmeterlauf. Ich verpfuschte schon den Start und sah alle anderen Läuferinnen an mir vorbeiziehen. Daraufhin blieb ich einfach stehen, da ich in der ganzen Aktion keinen Sinn mehr sah, ich konnte die anderen nicht mehr einholen: ein Gefühl der Resignation, gefolgt von Desinteresse, da ich nirgends mithalten konnte. Oh, das gab großen Ärger mit meiner Sportlehrerin, sie konnte meiner Argumentationskette so gar nicht folgen. Ich zog es in der Zukunft vor, bei den Jugendwettspielen krank zu sein. Auch schlechte Noten waren nie ein Ansporn für mich, ganz im Gegensatz zu vielen anderen Schülern.

Mein Wechsel zum Gymnasium war gefolgt von zwei Kurzschuljahren. Das Gymnasium befand sich in einer anderen Stadt, und ich kannte keinen einzigen Menschen dort. Meine Leistungen fielen rapide ab, vor allem in neuen Fächern wie Englisch und später Französisch. Also bekam ich Nachhilfeunterricht in Französisch. Der arme Nachhilfelehrer tut mir noch heute leid, ich kann mich genau erinnern, wie wir beide an meinem Schreibtisch vor dem Fenster saßen, er verzweifelt versuchte, mir irgendetwas beizubringen, und ich nur stur zum Fenster hinaus in die Bäume geschaut habe. Irgendwann hat er aufgegeben, und ich durfte wieder ohne ihn am Fenster sitzen. Ich fand den Anschluss an meine Klasse nicht mehr. Einmal musste ich eine Klasse wiederholen, das verbesserte die Situation allerdings auch nicht. Beendet war mein Vorhaben, Veterinärmedizin zu studieren, vor lauter Prüfungsangst ging ich in der zehnten Klasse ohne Prüfung ab und hatte damit meine mittlere Reife. Später, während meiner Lehrzeit wurde es mir langweilig, und ich holte einfach nebenbei, auf dem zweiten Bildungsweg, die Fachhochschulreife nach.

Viele hochsensible Menschen lieben Kinder und gehen sehr sensibel mit ihnen um. Anscheinend hängt es davon ab, welche Erfahrungen eine hochsensible Person in ihrer Kindheit mit anderen Kindern gemacht hat. Ich selbst wollte nie Kinder, mich haben Kinder immer gestört, sie waren zu laut, zu schrill, zu störend. Ich habe mich lieber mit Tieren umgeben, der Umgang mit ihnen fällt mir wesentlich leichter. Aber natürlich kann sowohl Kinder zu haben als auch keine zu haben überaus erfüllend sein, jeweils auf seine Art und Weise.

Resümee

Einem hochsensiblen Kind sollte man Pausen gönnen, damit es die Sachlage überdenken kann. Es weiß sonst nicht, was es will, und wird schnell als bockig und stur betrachtet.

Hochsensible Kinder sind bei liebevoller Führung und Zuwendung einsichtiger als bei Strenge. Sie bevorzugen ruhige Spiele und fühlen sich an lauten Orten unwohl.

Hochsensible Kinder werden besonders schnell von einem vollgepackten Terminkalender überlastet. Man sollte viele Auszeiten einplanen und den Tag mit ruhigen Ritualen gestalten.

Hochsensible Kinder sollte man beim Einschlafen zur Ruhe kommen lassen. Ratsam sind gemäßigtes Licht und möglichst wenig Reize.

Für hochsensible Kinder ist Mittagsschlaf zum Abbau des Stresshormons Cortisol sehr wichtig.

1.2 Partnerschaft

- ***Spüren Sie sofort, wenn „dicke Luft" herrscht?***
- ***Verlieben Sie sich schnell?***
- ***Haben Sie sehr hohe Ansprüche an Nähe?***
- ***Geht Ihnen Unsachlichkeit sehr nahe?***
- ***Fühlen Sie sich für das Wohlergehen des Partners verantwortlich?***

Selbstverständlich schätze ich als hochsensible Person die Nähe – wohl sogar mehr als weniger empfindsame Menschen –, aber nicht in ihrer alltäglichen oder unberechenbaren Form.

In jungen Jahren war ich auf der Suche nach Nähe und Verbundenheit, nicht wirklich wissend, welche Richtung ich einschlagen sollte. Allerdings war mir klar, dass ich nicht die typischen Ziele meiner gleichaltrigen Bekannten hatte. Ihr Bestreben war: einen Freund fin-

den, ein Haus bauen, heiraten, Kinder bekommen und aufhören zu arbeiten – genau in dieser Reihenfolge. Auch in einer anderen Reihenfolge gefiel mir dieser Lebensplan nicht. Ich wollte – ja, was wollte ich eigentlich? So genau wusste ich das nicht. Auf jeden Fall wollte ich auf eigenen Beinen stehen und selbst überlegen und entscheiden können, wie ich mein Leben gestalten möchte. Zudem wollte ich jemanden finden, der in etwa das gleiche Lebensziel verfolgt wie ich, obwohl ich mir noch nicht sicher war, welches Ziel das überhaupt sein sollte. Aber vielleicht würde ich mein Lebensziel irgendwann ändern – schwierig, falls mein Partner seins dann nicht mit verändert.

Nach mehreren mehr oder minder missratenen Beziehungsversuchen traf ich dann meinen späteren ersten Ehemann. Unfreiwillig frisch getrennt von seiner damaligen Freundin, einer Kollegin von mir, ließ er sich von mir trösten. Ich verliebte mich viel zu sehr in ihn, obwohl ich wusste, dass er emotional noch gebunden war. Und viel zu früh zog er bei mir ein, da er nach dem Auszug bei seiner ehemaligen Freundin eine Wohnung benötigte. Er fand es völlig normal und sogar wünschenswert, durch extreme Hochs und Tiefs zu gehen, wohingegen ich bestrebt war, im Gleichklang zu leben. Spannungen waren für mich höchst unangenehm, ich befand mich dann in einem Alarmzustand. Ich fühlte mich für die Anspannung des anderen verantwortlich, spürte sofort wenn „dicke Luft" herrschte und sah es stets als meine Aufgabe an, die Situation zu verbessern. Ich war damals nicht in der Lage, Nein zu sagen, zumindest nicht zu meinem Partner. Ich wusste auch nicht so wirklich, was ich eigentlich wollte oder was ich von einer Beziehung erwartete. Aber ich lernte nach und nach, was ich *nicht* wollte. Zum Beispiel vertrage ich bei einer Auseinandersetzung keine Unsachlichkeit, Schimpfworte oder Verallgemeinerungen. Als besonders kränkend empfinde ich den Missbrauch von Vertraulichkeiten, die man ausgetauscht hat, als man einander nahe war. Ein Partner kann den anderen viel leichter verletzen als jede andere Person. Er kennt die verwundbaren Stellen des anderen am besten und kann dies ausnutzen. Ich war damals rhetorisch bei Weitem nicht so gut wie mein Partner, und so versuchte er, mich sehr oft nicht mit Worten zu überzeugen, sondern mich buchstäblich niederzureden – mit vielen Argumenten, denen ich nicht folgen konnte. Bei Nachfragen wurde ich nur mit weiteren Argumenten überschüttet, bis ich klein beigab. Oftmals fiel mir dann in der Nacht oder am nächsten Tag der Bruch in der Argumentationskette meines Partners auf, und ich stellte fest, dass ich mir durchaus trauen, aber mich nicht ausreichend verständlich machen konnte, also wurde ich weiter an die Wand geredet. Er war der einzige Mensch, der es einmal fertigbrachte, dass ich in meiner letzten Verzweiflung aufstand, laut wurde und die Tür hinter mir ins Schloss warf. Ich hörte ihn hinter mir herrufen: Wer schreit, hat unrecht!

Was mich noch viel mehr verletzte, war seine ständige Untreue. Er beteuerte immer, dass ich der Mittelpunkt seines Lebens sei – das glaube ich sogar –, was ihn aber nicht davon abhielt, ständig wechselnde Affären zu haben. Eine hochsensible Person merkt ganz genau, wenn etwas nicht stimmt, auch Untreue und Lügen. Wenn man sich etwas vertraut macht, dann übernimmt man Verantwortung, und dazu passen meiner Meinung nach weder Affären noch Lügen. Ich entwickelte buchstäblich einen sechsten Sinn bezüglich des Fremdgehens, auch bei Beziehungsproblemen in meiner Umgebung. Ich spürte die Probleme oftmals, bevor sie den Betroffenen selbst bewusst wurden.

So manches gestaltet sich im Zusammenleben von hochsensiblen und weniger empfindsamen Personen schwierig. Aufgrund meines Nähebedürfnisses finde ich es selbstverständlich, mit meinem Partner in einem Bett zu schlafen. Allerdings hält mich nicht nur Schnarchen wach, sondern auch lautes Atmen. Vielleicht atmen Männer lauter als Frauen, oder es liegt daran, dass ich meist mit Rauchern befreundet war. Wenn ich einmal mit einer Freundin im selben Zimmer, sogar im selben Bett übernachtete, stellte ich jedenfalls mit Verwunderung fest, dass andere Menschen genauso lautlos schla-

fen können wie ich. Ich hatte dann morgens das Gefühl, überprüfen zu müssen, ob meine Freundin überhaupt noch lebt.

Da ich die Gefühlsregungen meiner Umgebung automatisch aufnehme, wird es für mich schnell anstrengend, wenn ich zum Beispiel mit meinem Partner zusammen fernsehe, geschweige denn ins Kino gehe. Das kann sich anfühlen, als wenn auf mehreren Kanälen gleichzeitig gesendet wird. Ähnlich geht es mir, wenn ich Musik höre. Selbst Musik beim Sex lenkt mich ab, statt eine angenehme Stimmung zu erzeugen.

Für den Partner kann eine hochsensible Person durchaus angenehme Eigenschaften aufweisen. Sie verhält sich im Allgemeinen ruhig und kann gut zuhören. Das ist der Grund, warum sie von Freunden und Partnern oftmals als „seelischer Mülleimer“ benutzt wird. Zuhören und Trost spenden sind kein Problem, aber ich wehre mich in der Zwischenzeit dagegen, dass mir von anderen Menschen immer wieder von den gleichen Problemen vorgejammert wird, ohne dass sie sich auch nur ein wenig um Abhilfe bemühen. Ich leiste gerne Hilfestellung, aber ich lasse mich nicht mehr missbrauchen, indem andere ihre Negativität bei mir abladen.

Gefühle sind weder richtig noch falsch. Die Tatsache, dass ich aktiv zuhöre und die Sachlage sowie die damit verbundenen Gefühle nachvollziehen kann, heißt

nicht, dass ich mit allem einverstanden bin. Ich kann zwar bestens verstehen, was der andere denkt, wie es sich für den anderen anfühlt und wie er zu seiner Entscheidung kommt, aber das heißt nicht, dass ich in dieser Situation ebenso reagieren würde. Dies führt schnell zu Konfliktstoff, gerade innerhalb einer Beziehung.

Oftmals nimmt eine hochsensible Person Dinge und Eigenschaften beim anderen wahr, die derjenige vielleicht gar nicht sehen will. Dazu kommt eine geringe Fehlertoleranz bei sich und anderen. Ich meine, dass meine Fehlertoleranz anderen gegenüber relativ hoch ist, mir selbst gegenüber allerdings sehr gering. Ich habe aber in Beziehungen einen hohen Anspruch an Wahrheit und Tiefe. Dies alles birgt ein sehr hohes Entwicklungspotential …

Hochsensible Menschen verlieben sich schnell. Es ist bekannt, dass man sich allgemein in Situationen mit hoher Stimulation schneller verliebt. Da sich eine hochsensible Person schneller stimuliert fühlt, ist dies eine mögliche Erklärung. Wir sind soziale Wesen und haben somit auch das Bedürfnis, uns mit anderen zu verbinden, aber dies sollte möglichst nicht durch eine übereilte Kurzschlussreaktion passieren. Oftmals sieht es so aus, dass wir den perfekten Partner suchen, der verspricht, uns zu lieben und zu beschützen. Hat Partner A den Eindruck, Partner B sei verantwortlich für seine Gefühle und umgekehrt, wird dieses Phänomen als

Wunsch zur Verschmelzung, Entgrenzung oder Symbiose bezeichnet. In diesem Zustand gelingt selten eine gesunde Beziehung mit der dazugehörigen Entwicklung. Merkmale für diese Symbiose sind, sich ständig nach dem Partner zu richten, keine eigenen Ideen zu haben und keine eigenen Vorschläge einzubringen. Auch die Erwartung zu haben, der Partner müsse die eigenen Wünsche und Bedürfnisse erfüllen und einem von den Augen ablesen, gehört dazu. Andererseits macht man sich selbst für die Gefühle und Reaktionen des Partners verantwortlich und versucht, den Partner bei guter Laune zu halten.

Partnerschaft braucht Nähe und Distanz. Ein Kind wird selbständig und sucht dabei im Laufe der Zeit immer wieder die Nähe zur Mutter, entfernt sich aber auch wieder von ihr. Diese Distanz ist auch in einer Partnerschaft wichtig, um immer wieder neu aufeinander zugehen zu können. Die körperliche und emotionale Nähe verbindet, doch zu viel Nähe wirkt sich auf die Erotik negativ aus. Verschmelzung hebt die Unterschiede auf, und somit gibt es kein Gegenüber mehr, das man attraktiv und begehrenswert findet. Auch kann sich einer der beiden durch zu viel Nähe eingeengt fühlen. Ein Paar kann sich nur weiterentwickeln, wenn beide ihre Individualität wahren. Gerade hochsensible Personen, die meist eine Abgrenzungsproblematik haben, neigen zu diesen Verschmelzungsgedanken. Auch

die klassische Ehestruktur kann zur Aufhebung der Individualität führen. Die Frau ist für den häuslichen Bereich zuständig, der Mann bringt das Geld nach Hause. Ohne den anderen würde dieses ganze Konstrukt nicht mehr funktionieren, jeder hat seine Eigenständigkeit eingebüßt.

Auch mir war der Verschmelzungsgedanke sehr nahe und sehr angenehm, bis ich merkte, dass es so nicht funktionieren kann. Sich davon frei zu machen ist ein großer Entwicklungsschritt, und es sollte sich jeder darüber freuen, falls er einen Partner hat, der diesen Schritt mit ihm gemeinsam unternimmt. Ich war in meiner ersten Ehe auf dem Verschmelzungstrip, was sich auch darin zeigte, dass ich meist von „wir" sprach: Wir planen, wir machen, wir haben vor ... Mein Mann fühlte sich dadurch bevormundet, selbst wenn die Dinge vorher gemeinsam so besprochen waren. Also gewöhnte ich mir an, „ich" zu denken, zu fühlen und zu sagen. Letztendlich kann ich ja auch nur für mich sprechen und entscheiden. Dies behielt ich auch in meiner zweiten Ehe bei. Ich hatte mich in der Zwischenzeit von den Verschmelzungsbedürfnissen gelöst und sagte aus vollem Herzen „ich". Leider war meinem zweiten Ehemann sehr an Verschmelzung gelegen, und er beschwerte sich über meinen Sprachgebrauch, da er sich dadurch ausgeschlossen fühlte. Doch ich blieb beim „ich", und es kam zu meiner zweiten Scheidung.

Letztens erzählte mir ein guter Freund, es gäbe nichts Schöneres, als wenn seine Partnerin zu ihm sage, sie könne ohne ihn nicht leben. Dies ist ein gutes Beispiel für einen starken Verschmelzungswunsch. Auch wenn eingewandt wird, so wortwörtlich sei das natürlich nicht zu nehmen, spricht diese Aussage für sich. In diesem Fall macht der eine Partner den anderen für sein Glück oder gar für sein Leben verantwortlich und ist sich nicht klar darüber, dass er zum einen die Verantwortung für sich zumindest zum Teil abgibt und diese zum anderen dem Partner auferlegt. Jeder ist für sein Glück selbst verantwortlich, jeder ist für seine Entscheidungen selbst verantwortlich, denn er muss auch die Konsequenzen tragen. Eine Partnerschaft kann überaus bereichernd sein und durchaus das „Tüpfelchen auf dem i", aber man kann und darf den anderen nicht für sein eigenes Wohlergehen verantwortlich machen. Gerade Frauen fällt dies besonders schwer, sie neigen dazu, Verantwortung an ihren Mann abzugeben, und wenn sich herausstellt, dass die Entscheidung nicht zum erwarteten Ergebnis führt, dann sind sie nicht selbst schuld, sondern der Mann. Dies erscheint im ersten Moment einfach. Den wenigsten ist jedoch klar, dass dies nicht der Weg zum Glück ist.

Wahrscheinlich reagieren hochsensible Personen auch intensiver auf sexuelle Reize. Dies spricht für ein erfülltes Sexualleben. Ich konnte nie verstehen, warum

so ein Tamtam um den weiblichen Orgasmus gemacht wird. Nichts einfacher als das ... Aber es bedeutet auch, dass man als hochsensibler Mensch seltener eine Abwechslung braucht bzw. haben will, was für den anderen schnell langweilig werden kann. Bei einer hochsensiblen Person kommt es leicht zur Überstimulation beim Sex, daher der geringere Wunsch nach Abwechslung. Auch Sex ohne Liebe scheint bei hochsensiblen Personen, egal ob Mann oder Frau, seltener vorzukommen.

Ich denke, dass diese Umstände dazu beitragen, dass viele hochsensible Menschen einen ablehnenden Bindungsstil aufweisen. Sie scheinen öfters ein Singledasein zu führen, allerdings – wie schon erwähnt –, wenn sie sich verlieben, dann meist heftiger. Auch kann der Wechsel von verlieben, zurückweisen oder zurückgewiesen werden bei einer hochsensiblen Person schneller als bei anderen dazu führen, dass sie sich gar nicht mehr verlieben will.

Ein weiteres, nicht zu unterschätzendes Thema für hochsensible Personen ist die Koabhängigkeit. Unter Koabhängigkeit versteht man, dass ein Angehöriger eines Suchtkranken sozusagen zum Komplizen des Abhängigen wird. Der Angehörige unterstützt den Abhängigen, indem er zum Beispiel für den Partner bei dessen Arbeitgeber anruft und ihn wegen einer Krankheit entschuldigt, obwohl dieser aufgrund exzessiven Alkoholkonsums arbeitsunfähig ist. Nicht nur Angehörige, sondern auch Arbeitskollegen oder Freunde können zu Koabhängigen werden, wenn diese den abhängigen Kollegen oder Freund schützen, indem sie seinen Suchtmittelkonsum und sein auffälliges Verhalten vertuschen und decken, Fehler bagatellisieren und entschuldigen. Indem der Koabhängige den suchtmittelabhängigen Partner immer wieder vor anderen in Schutz nimmt, verhindert er, dass der Abhängige die negativen Auswirkungen seines Suchtmittelkonsums und die damit verbundenen negativen Konsequenzen am eigenen Leib verspürt. Durch diese gutgemeinte beschützende und entschuldigende Haltung hat der Abhängige nicht genügend Leidensdruck, um etwas gegen seinen Suchtmittelkonsum zu unternehmen. Im Grunde unterstützt der Koabhängige diese Sucht und zögert den Zeitpunkt hinaus, zu dem der Abhängige zu der Einsicht gelangt, dass er etwas gegen seine Sucht unternehmen muss. Nur durch einen starken Leidensdruck gestehen sich die Abhängigen erst ein, dass sie ein Suchtproblem haben und sich in Behandlung begeben müssen. Hochsensible Personen reagieren sehr schnell auf negative Stimmung in ihrer Umgebung, scheuen sich aber, dieses Problem beim Betroffenen anzusprechen, helfen ihm sogar noch weiter und werden somit sehr schnell zu Koabhängigen. Koabhängige müssen erkennen, dass sie dem Suchtkranken durch ihre Unterstützung nicht helfen, sondern

eher schaden. Es hat einige Zeit gedauert, bis ich meine Koabhängigkeit erkannt habe, und es hat noch länger gedauert, mich daraus zu befreien. Ich wäre damals jeden Weg mit meinem damaligen Partner gegangen, um ihm bei der Bewältigung seiner Sucht zu helfen, es scheiterte allerdings daran, dass er seine Sucht nicht erkennen wollte. Er litt nicht nur an Alkoholismus, sondern auch an Spielsucht. Dies machte mit den Jahren nicht nur ein Zusammenleben immer unerträglicher, sondern brachte die Beziehung auch irgendwann an die Grenze des wirtschaftlichen Ruins. Ich habe damals gelernt, mich selbst und meine eigene seelisch-körperliche Gesundheit wieder in den Mittelpunkt zu stellen, habe mich nicht mehr für die Abhängigkeit meines Partners verantwortlich gefühlt und mich dann in letzter Konsequenz von ihm getrennt.

Schon in meiner Lehrzeit wurde ich jedes Jahr zu sozialpsychologischen Kursen geschickt, und auch im Rahmen meiner Außendiensttätigkeit gab es ständig Weiterbildungen, meist Kommunikationstrainings. Am meisten weitergeholfen haben mir die Kurse über Transaktionsanalyse. Die Transaktionsanalyse bietet Modelle zum Verstehen und Entwickeln der Persönlichkeit und der Beziehungen zwischen Individuen. Ziel ist eine integrierte, autonome Persönlichkeit mit der Fähigkeit, sich innerhalb des eigenen sozialen Umfeldes selbstbewusst, achtsam und rücksichtsvoll zu bewegen.

Mit dem Mittel der Kommunikation werden Möglichkeiten zur Interpretation und Gestaltung von Realitätswahrnehmung aufgezeigt. Für Transaktionsanalytiker hat Selbstbestimmung, Spontaneität und Weltbezogenheit den höchsten Stellenwert.

Eric Berne entwickelte die Transaktionsanalyse durch die Beobachtung zwischenmenschlicher Kommunikation. Die dabei ablaufenden Vorgänge nannte er Transaktionen, sie bezeichnen das bewusste und unbewusste Austauschgeschehen zwischen Menschen und ihrer Umwelt, sowohl verbal als auch nonverbal. Komplexe Abläufe, wie zum Beispiel ein immer wieder ähnlich ablaufender Streit, können in solche Transaktionen aufgeteilt und dadurch verständlich gemacht werden. *Berne* teilte die im Prinzip unendlichen Erlebenszustände eines Menschen in drei Kategorien ein, die er Ich-Zustände nannte. Im Kindheits-Ich können wir abgespeichertes Erleben von früher erneut aktivieren. Wir reagieren uneinsichtig und trotzig und/oder sind albern und unsicher. Aber auch Neugierde und Phantasie können sich in der Kommunikation beim Kindheits-Ich zeigen. Im Erwachsenen-Ich leben wir einen Zustand, der sich in angemessener Weise vollständig auf das Hier und Jetzt bezieht. Wir behandeln unser Gegenüber in der Kommunikation gleichwertig-respektvoll und argumentieren sachlich-konstruktiv. Im Eltern-Ich-Zustand erleben wir uns auf eine Art und Weise, die

dazu führt, dass wir unser Gegenüber in der Kommunikation bevormunden, sein Verhalten missbilligen, und/oder wir geben uns fürsorglich und bemutternd. Diese Ich-Zustände sind Persönlichkeitsanteile, die Muster unseres Erlebens und Handelns darstellen.

Die Kommunikation zwischen zwei Personen gestaltet sich mitunter schwierig, vor allem zwischen hochsensiblen und weniger empfindsamen. Oftmals sind dabei Verhaltensmuster beteiligt, die uns gar nicht bewusst sind. Befasst man sich mit den vielen Kombinationen und Spielarten der verschiedenen Ich-Zustände, wird schnell klar, warum Kommunikation so oft schiefläuft. Fragt eine Person aus ihrem Eltern-Ich „Hast du schon wieder den Nagel schief eingeschlagen?“, antwortet vielleicht ein Kindheits-Ich mit „Ich kann das eben nicht“. Die Frage wirkt vorwurfsvoll auf den anderen, wodurch er sich zurückzieht oder aber ebenfalls vorwurfsvoll mit seinem Eltern-Ich agiert.

Befasst man sich mit diesen Kommunikationsprozessen, wird einem bewusst, warum es im Umgang mit anderen Personen zu Missverständnissen kommt. Mit einiger Übung und Selbstreflexion erkennen wir, auf welcher Ebene wir agieren, und können diese selbst bestimmen. In vielen Partnerschaften kommt es vor, dass der Mann aus dem Eltern-Ich agiert und Vorschriften macht und die Frau sich das gefallen lässt und mit ihrem Kindheits-Ich antwortet. Im Allgemeinen

wird dies aber früher oder später zur Unzufriedenheit führen, die Frau will sich aus der Bevormundung befreien, und/oder der Mann möchte eine Partnerin haben, die mitdenkt.

Die größten Schwierigkeiten treten dort auf, wo sich diese Kommunikationswege kreuzen. „Wollen wir in unserem Urlaub nach Skandinavien fahren?", fragt das Erwachsenen-Ich, an das andere Erwachsenen-Ich gerichtet. Dieses fühlt sich aber nicht angesprochen, stattdessen antwortet das Kindheits-Ich: „Du bevormundest mich immer, ich will auch mal entscheiden, wo wir hinfahren." Die angesprochene Person wechselt auf eine andere Gesprächsebene, der Streit ist vorprogrammiert. Es ist sehr aufschlussreich, sich selbst zu beobachten und zu hinterfragen, um festgefahrene Kommunikationsmuster zu erkennen und zu verändern.

Das Arbeiten mit der Transaktionsanalyse bedeutet, neue Sicht- und Erlebensweisen ganzheitlich zu entwickeln. Mit ihr sollen auf die jeweilige Situation angemessene und selbstbestimmte Denk-, Fühl- und Verhaltensmuster entwickelt werden, zumindest dort, wo alte Muster Einschränkungen und Leiden verursachen.

Der Mensch erlebt sich immer in Bezug zu seiner Umwelt, auch wenn er sich vor ihr zurückzieht. *Berne* geht davon aus, dass alle Menschen „o. k." geboren werden und auch Menschen mit emotionalen Schwierigkeiten vollwertige Menschen sind. Emotionale Probleme hält er grundsätzlich für heilbar. Besonders als hochsensible Person ist man auf eine funktionierende, authentische Kommunikation angewiesen, da man viel feinsinniger auf Missverständnisse reagiert und sich schneller und tiefer getroffen fühlt.

Resümee

Passen Sie auf, dass Sie die geliebte Person nicht idealisieren. Liebe auf Entfernung ist zwar einfach, aber nicht sinnvoll und schon gar nicht erfüllend.

Intensive Liebesgefühle erscheinen dem anderen oft fordernd und unrealistisch. Introvertiertheit führt oftmals zu einer Konzentration von Energie und einer Übertragung auf die andere Person.

Achten Sie darauf, keine Wünsche auf den anderen zu projizieren, und vermeiden Sie Verschmelzungsgedanken.

Bauen Sie eine authentische Kommunikation auf.

1.3 Beruf

- ***Stört Sie das Telefongespräch Ihres Kollegen?***

- ***Ernten Kollegen oftmals die Lorbeeren, die eigentlich Ihnen zustehen?***

- ***Haben Sie an stressigen Tagen das starke Bedürfnis, sich an einen Ort zurückzuziehen, an dem Sie alleine sind und sich erholen können?***

- ***Werden Sie ärgerlich, wenn von Ihnen erwartet wird, zu viele Dinge gleichzeitig zu erledigen?***

- ***Werden Sie nervös, wenn Sie während der Durchführung einer Aufgabe beobachtet werden?***

Ich habe eine Lehre zur Biologielaborantin gemacht. Ich wollte etwas mit Tieren zu tun haben und ließ mich vom Arbeitsamt beraten. Das war keine gute Idee, da man als Biologielaborantin hauptsächlich für Tierversuche zuständig ist. Ich hätte deswegen fast meine Lehre abgebrochen, aber ich hielt durch und machte die Abschlussprüfung. Danach arbeitete ich noch ein Jahr in der Pharmakologie mit Tierversuchen an Hunden und Katzen und schaute mich derweil nach einer anderen Arbeitsmöglichkeit um. Als ich zwei Pharmareferenten kennenlernte, beschloss ich, in den Außendienst zu gehen. Ich konnte mir nicht wirklich etwas darunter vorstellen, aber mir erschien alles besser, als im Labor zu arbeiten. Ich hatte noch keinen Führerschein, also meldete ich mich erst einmal in der Fahrschule an. Währenddessen schrieb ich viele Bewerbungen, und eine Freundin fuhr mit mir zu den Vorstellungsgesprächen. Das Witzige war, dass mich keine Firma nach einem Führerschein fragte, auch in keinem Personalbogen war eine entsprechende Frage zu finden.

Wahrscheinlich habe ich meine erste Stelle aufgrund meines guten Aussehens bekommen, mein unsicheres Auftreten konnte es wohl kaum gewesen sein. Ich fing bei einer kleinen Tochterfirma eines großen Konzerns an und war sechs Wochen bei einer Schulung 650 Kilometer von zu Hause entfernt. Jedes Wochenende fuhr ich – mit gerade erworbenem Führerschein –

nach Hause, völlig verkrampft in meinem neuen Auto sitzend. Danach war ich zur Einarbeitung in München mit einem erfahrenen Kollegen unterwegs. Er sprach so selbstverständlich mit den Ärzten, die er schon lange Zeit kannte, und ich wusste immer noch nicht, wie ich das auf die Reihe bringen sollte. Nun, der Tag kam, als ich das erste Mal alleine unterwegs war. Ich ging in die Praxis, gab meine Visitenkarte ab und wurde ins Sprechzimmer geführt. Dort saß ich, hatte meinen geöffneten Musterkoffer auf dem Schoß und schweißnasse Hände. Der Arzt saß mir gegenüber, schaute mich an und sagte: „Und was haben Sie Neues?“ Ich war total entsetzt, wusste nicht, was ich sagen sollte, hielt ihm eine Musterpackung entgegen und stotterte „Mega ...“, schlug meinen Koffer zu, drehte mich um und verließ fluchtartig die Praxis. Danach saß ich in meinem Auto und haderte mit meinem Schicksal oder besser gesagt mit meiner Idee, in den Außendienst zu gehen. Aber ich bin sehr konsequent mit mir, was ich einmal angefangen habe, das bring ich auch zu Ende. Eigentlich habe ich keine Ahnung, wie ich es geschafft habe, es war ein langer Entwicklungsweg, und mein Umsatz in den ersten Jahren war sicherlich nicht auf mein Fachwissen oder Verkäufergeschick, sondern eher auf das Mitleid der Ärzte zurückzuführen.

Sehr angenehm am Außendienst ist es, dass man alleine unterwegs ist. Alle paar Wochen oder Monate ein

Außendiensttreffen, hin und wieder ein Telefonat mit dem Chef, aber ansonsten kann man in Ruhe vor sich hin arbeiten. Letztendlich dauert ein durchschnittliches Arztgespräch nur einige Minuten, den Rest der Zeit verbringt man im Wartezimmer, im Auto und zu Hause im Arbeitszimmer. Das kam mir sehr entgegen. Es ist mir gänzlich unvorstellbar, wie jemand in einem Großraumbüro arbeiten kann. Selbst in einem normalen Büro würde ich durch die Anwesenheit anderer Menschen, Gerede und Telefonklingeln ständig abgelenkt werden.

Hochsensible Personen sind meist loyale, verschwiegene und vertrauenswürdige Mitarbeiter. Mehr Schein als Sein ist ihnen zuwider. Als hochsensible Person verträgt man keinen Druck, weder Zeitdruck noch Erfolgsdruck. Dies führt überaus schnell zu Stress, dadurch kommt man in Zeitverzug, was einem Kontrollverlust gleichkommt, und dieser führt wiederum zu hektischem Benehmen, wodurch Fehler auftreten.

Stress und Hektik führen zu einem erhöhten Cortisolspiegel, dies lässt sich leicht durch eine Blutuntersuchung belegen. Ein erhöhter Cortisolspiegel „blockiert“ das Denken, und wir machen vermehrt Fehler. Ein ständig erhöhter Spiegel führt letztendlich zum Burn-out. Wir leben alle in einer stressreichen Zeit, die Anforderungen steigen stetig, und selbst unsere Freizeit kann Stress bereiten. Stress ist allerdings keine Modeerscheinung, sondern ein ernstzunehmendes Problem. Gerade hochsensible Personen fühlen sich schnell unter Druck gesetzt. – Aber was ist Stress überhaupt?

Stress stellt ein Missverhältnis dar zwischen den Anforderungen an einen Menschen und seine persönlichen Ausgleichsmöglichkeiten. Sind diese nicht im Lot, fühlt sich die Person gestresst. Ursachen kann es hierfür viele geben, wie Reizüberflutung, Zeitdruck, Existenzängste, Partnerschaftsprobleme oder Schmerzen. In der Vergangenheit hat sich der Mensch aus solchen Stresssituationen durch Kampf oder Flucht gerettet. Heutzutage ist dies nicht mehr möglich, denn unsere typischen Stresssituationen sind nicht durch körperliche Verteidigung oder Weglaufen zu lösen. Doch nach wie vor wird das Hormon Cortisol bei Stress vermehrt ausgeschüttet, was dem Körper schnell eine größere Energiemenge zur Verfügung stellt. Allerdings kann der moderne Mensch diese nicht für körperliche Betätigung nutzen, sondern muss sie anderweitig verarbeiten.

Kommt es zu chronischem Stress, wird immer wieder Cortisol ausgeschüttet, und der Körper wird durch einen dauerhaft hohen Blutdruck und erhöhte Blutzuckerwerte belastet. Andererseits wird der Darm zu wenig durchblutet und die zelluläre Immunantwort gehemmt. Dies alles macht den Menschen anfällig für Infekte und andere Erkrankungen. Hält der Stress über

einen sehr langen Zeitraum an, erschöpft sich die Stresshormonproduktion in der Nebennierenrinde, und der Mensch wird müde und antriebslos. Hochsensible Personen neigen sehr schnell zu einer chronischen Stressbelastung, dementsprechend muss nach Stressursachen geforscht werden, damit diese nach Möglichkeit ausgeschaltet werden können. Parallel dazu sollten Entspannungstechniken und Schutzmechanismen erlernt werden, um den Umgang mit Stress zu erleichtern.

Hochsensible Personen interessieren sich sehr für Neues und sind lernhungrig und geistig beweglich. Sie haben aber auch den Ruf, sehr kritisch zu sein. Allerdings lassen sie sich schnell ablenken, allein schon eine anwesende zweite Person kann das bewirken. Hochsensible haben sowohl einen Blick für das Wesentliche als auch für die Details. Viele Künstler, Schriftsteller und Psychologen sind hochsensibel. Abstrakt veranlagte Hochsensible haben häufig Interesse an Algorithmen und wählen oftmals den Berufsweg des Informatikers. Ein hochsensibler Mensch ist meist perfektionistisch, besitzt deshalb eine hohe Eigenmotivation und sucht nach rationalen Erklärungen. Wenn er zu funktionierendem Stressmanagement fähig ist, eignet er sich auch als Unternehmer. In großen Konzernen gehen hochsensible Personen meist unter, besser für sie geeignet sind kleinere Unternehmen.

Ich hatte als Regional- und Außendienstleiterin selten mehr als ein Dutzend Leute zu leiten. Um diese konnte ich mich gut kümmern und sie coachen. Ich hatte auch hochsensible Personen als Mitarbeiter. Sie schätzen es natürlich, wenn man auf ihre Bedürfnisse eingeht. So haben sie die Möglichkeit, sich voll zu entfalten und dabei Erfolg im Beruf zu haben. Bei einem Firmenwechsel wurde mir die Außendienstleitung für sage und schreibe 70 Mitarbeiter angeboten – ich glaube, mir stand das Entsetzen ins Gesicht geschrieben.

Will eine hochsensible Person etwas verkaufen, dann möglichst etwas, hinter dem sie stehen kann, das ihrem Charakter und ihrer Überzeugung entspricht. Keiner kann dies glaubhafter als eine hochsensible Person vermitteln, die letztendliche Entscheidung sollte aber dem anderen überlassen bleiben. Er hat dann das Gefühl, sich aus eigenem Antrieb und eigener Überzeugung entschieden zu haben.

Ich kenne den Stress vor Tagungen, Messen, Vorträgen oder Prüfungen und auch die Wirkung von größeren Mengen Kaffee, die dabei getrunken werden. Denn auf hochsensible Menschen hat Kaffee eine besonders starke Wirkung.

Durch ihren Perfektionswunsch hat eine hochsensible Person meist Schwierigkeiten, bei Vorträgen frei zu sprechen. Es ist zweckdienlich, sich sehr gut vorzubereiten und den Vortrag schriftlich auszuarbeiten. Ich formuliere Vorträge voll aus und mache mir dann ein Gerüst, eine Gliederung mit kurzen Notizen, an die ich mich halten kann. Und für den Notfall habe ich den kompletten Vortrag in Schriftform dabei. Es macht überhaupt nichts aus, wenn man sich bei einem Hänger entschuldigt und zu seinem Manuskript greift, ganz im Gegenteil, es macht sympathisch, weil dies so gut wie jede Person nachvollziehen kann und nicht mit einem tauschen möchte. Um sich langsam an eine freie Rede zu gewöhnen, sollte man sich zuerst in Diskussionsrunden zu Wort melden. Auch hier ist es sinnvoll, sich während der Diskussion Notizen zu machen, an die man sich halten kann. Man kann davon ablesen und mit wachsender Übung dann langsam den Blick heben, Leuten ins Gesicht sehen und dabei weitersprechen. Wird man dadurch zu sehr abgelenkt, sieht man wieder auf die Notizen. So kann man Schritt für Schritt lernen, sich auch in einem größeren Kreis zu behaupten. Manchmal ist es auch hilfreich, sich wie auf einer Bühne zu betrachten, denn wenn man eine Situation mit mehr Abstand wahrnimmt, so erscheint sie bei Weitem nicht mehr so bedrohlich.

Prüfungsangst kann man sich abtrainieren. Ich habe einige Zeit als Reitlehrerin gearbeitet und konnte jede Prüfungsaufgabe hervorragend reiten, solange ich mit meinem Pferd allein auf dem Platz war. Das wollte ich natürlich auch vor Zuschauern können. Also stellte ich mir, wenn ich alleine auf dem Reitplatz war, vor, dass ein paar Bekannte am Rand sitzen und mir zusehen würden. Ich ritt daraufhin wirklich miserabel. Es war so schlecht, dass ich über mich schmunzeln musste. Ich sah mich von oben auf dem Reitplatz reiten und konnte es nicht fassen, wie schlecht ich sein konnte. Aber ich wurde allmählich besser. Und so übte ich dies Tag für Tag bei jeder sich mir bietenden Gelegenheit. Ich stellte mir immer mehr Zuschauer vor, und meine Leistungen wurden immer besser. Zuletzt machte es mir nichts mehr aus, wie viele echte Zuschauer am Rande des Reitplatzes saßen, ich war ganz bei mir und meinem Pferd.

Hochsensible Personen neigen dazu, Lob abzulehnen. Nein, man darf Lob annehmen und sich darüber freuen. Wenn man sich für ein Lob entschuldigt, weiß man es nicht zu würdigen. Man kann es einfach so akzeptieren, wie es gesagt wird, auch dies kann man lernen. Jeder Mensch sollte sich wertvoll genug fühlen, Positives anzunehmen. Lob ist auch als Ansporn zu sehen. Das Leben ist dazu da, die eigenen Fähigkeiten zu erweitern und dazuzulernen. So kann eine introvertierte Person durchaus zeitweise extravertiert erscheinen, was bei der Arbeit notwendig sein kann. Manch einer meiner Mitarbeiter hat sich gewundert, wenn er mich zu Hause besucht und ganz privat kennengelernt hat, weil ich in meinem privaten Umfeld einen introver-

tierten Eindruck mache. Ich kam nicht umhin, dies zu erklären, damit ich meinem Besucher nicht das Gefühl gab, dass er an meiner Distanziertheit schuld sei.

Resümee

Nehmen Sie keine Arbeit an, die für Sie übermäßigen Stress und nervliche Übererregung bedeutet. Achten Sie auf eine menschliche Firma.

Machen Sie sich keinen zu engen Terminplan.

Dokumentieren Sie Ihre Arbeitserfolge. Auf welchem Gebiet setzen Sie gerne Ihre Energie ein?

Kündigen Sie nicht innerlich, sondern verändern Sie die Umstände, damit Sie sich wohlfühlen.

Hochsensible Personen mit gutem Selbstmanagement, die keine Schwierigkeiten haben, sich abzugrenzen, und sich genügend Auszeiten gönnen, finden sich oftmals in Führungspositionen.

1.4 Tiere

- ***Fühlen Sie sich in der Anwesenheit von Tieren wohl?***

- ***Haben Sie ein besonders gutes Verständnis für Tiere, eine Art sechsten Sinn?***

- ***Werden Sie vielleicht sogar als Tierflüsterer bezeichnet?***

Ich liebe Tiere, ich verstehe Tiere, und Tiere verstehen mich. Man könnte mich als Pferde-, Hunde-, und Katzenflüsterin bezeichnen.

Ich begebe mich ganz einfach auf die Verständigungsebene des Tieres – und schwups sind wir auf der gleichen Wellenlänge. Ich habe immer die Biologen bewundert, die irgendeine Tierart erforschen dürfen. Ein wenig größer als Spinnen sollte sie schon sein, aber egal, ob Wolf, Elefant oder Murmeltier, ich wäre dabei. Eigentlich wollte ich Tierärztin werden, das war im Grunde genau die richtige Idee, aber ich hatte bedingt durch Kurzschuljahre und zwei Beinbrüche das Gefühl, das Abi nicht zu schaffen, und ging vorher vom Gymnasium ab.

Legt man sich ein Tier zu, so übernimmt man Verantwortung. Dazu gehört, sich darum zu kümmern, dass das Tier ein artgerechtes Leben führen kann und nicht vermenschlicht wird, wie das heutzutage so oft der Fall ist. Gerade eine hochsensible Person, die alles besonders gut machen möchte, wird sich hinreichend informieren, was gut für das Tier ist. Dabei gilt es durchaus, mitzudenken und nicht nach dem Motto „Viel hilft viel" über das Ziel hinauszuschießen. Eine hochsensible Person erkennt intuitiv, ob das Tier etwas benötigt, ob zum Beispiel Futter fehlt, ob es unruhig oder krank ist, und wird sich umgehend darum kümmern.

Auch Tiere können hochsensibel sein, das ist ein Zeichen dafür, dass diese Eigenschaft für die Evolution wichtig ist, obwohl – oder vielleicht gerade weil – hochsensible Geschöpfe von Geburt an erst einmal scheu sind. Ich hatte eine hochsensible Stute, ein Alphatier, Chefin der Herde, intelligent und hochsensibel. Sie nahm ihre Leitfunktion hervorragend wahr, war sehr feinsinnig in der Wahrnehmung, aber auch sehr nervenstark in ihrer Reaktion. Zum Reiten war sie das absolute Traumpferd: bereitwillig und gelehrig in der Ausbildung, ein totales Verlasspferd in der Praxis. Ich erinnere mich an einen verhängnisvollen Ausritt, ich wollte ein

Stück Weg quer durch den Wald abkürzen, mein Pferd wehrte sich. Ich bestand darauf, dass es den Weg ging, den ich wollte. Kaum waren wir auf diesem Weg, merkte ich, dass der Untergrund nicht tragfähig war und meine Stute langsam, aber sicher im Boden versank. Mehr als die Fesseln steckten schon im weichen Moorboden, als ich schnell vom Pferd absprang, ihm die Zügel über den Hals warf und mit einem Zuruf und einem Klaps bedeutete, sich selbst zu befreien. Das Pferd zog sich zusammen wie eine Raubkatze zum Sprung und machte einen riesigen Satz aus dem Sumpf heraus, lief ein paar Meter weiter bis zum befestigten Weg, blieb dort stehen, drehte sich zu mir um und wartete auf mich. Meine Stute war so fein ausgebildet, dass sie auf die feinsten Gewichtsverlagerungen reagierte und einhändig auf der Stelle zu drehen und zu wenden war. Im Galopp flog sie dahin, und ich wusste so manches Mal nicht, ob ihre oder meine Beine den Boden berührten, da mein Pferd und ich scheinbar ineinander übergingen.

Vor langer Zeit hatte ich einen Weimaraner-Mischling, eine Hündin, auch diese war hochsensibel. Sie las mir buchstäblich meine Wünsche vom Gesicht ab, ich hatte immer das Gefühl, ein Zucken mit den Lidern oder eine leichte Bewegung der Fingerspitzen reicht aus, um ihr zu bedeuten, was ich von ihr wollte. Wir hatten eine unbeschreiblich enge Beziehung zueinander. So überwältigend solche Erlebnisse sind, sollte

man sich darüber im Klaren sein, dass dies auch eine sehr große Verantwortung bedeutet. Meine Hündin war derartig auf mich fixiert, dass ich sie kaum alleine lassen konnte. Wenn ich sie aus beruflichen Gründen nicht mitnehmen konnte, lag sie trauernd neben der Garage und wartete, bis ich wieder nach Hause kam. Auch im Urlaub war sie überall dabei, sie besaß sogar eine Jetbox fürs Flugzeug, damit ich sie mit nach Kanada nehmen konnte, obwohl eine lange Flugreise für ein Tier alles andere als erstrebenswert ist. Bei meinen anderen Hunden habe ich von Anfang an darauf geachtet, dass die Bindung nicht so überaus eng wurde, so dass ich sie in meinen Urlauben zur Züchterin bringen konnte und sie dort inmitten einer Hundemeute ihren eigenen Urlaub erleben durften.

Im Moment besitze ich eine hochsensible Katze, die erst jetzt, im fünften Lebensjahr zur Ruhe kommt und nicht mehr wegen jedem Geräusch überreizt reagiert. Ich habe viele Pferde und Hunde ausgebildet, hochsensible sowie weniger empfindsame. Es ist mir ein Leichtes, mich auf die Verständigungsebene des Tieres zu begeben und eine sehr gute Kommunikation aufzubauen. So verstehen die Tiere umgehend, was ich von ihnen wünsche, und kommen meinem Wunsch schnell nach. Ich kann nicht von einem Pferd verlangen zu lernen, wie ein Mensch zu denken, sondern der Mensch muss lernen, zu denken wie ein Pferd. Das

Problem sind nie die Tiere, sondern deren Besitzer, die das Tier oftmals vermenschlichen, keine Ahnung haben, welche Bedürfnisse ihre Tiere wirklich haben, und so in sich selbst verhaftet sind, dass sie gar nicht merken, wie sehr sie ihrem Tier damit schaden.

Es heißt: Menschen, die nehmen, werden unglücklich, Menschen, die geben, werden glücklich. Tierbesitzer können dies leicht nachvollziehen.

Resümee

Begeben Sie sich auf die Verständigungsebene Ihres Tieres.

Erkundigen Sie sich bei fachkundigen Menschen, welche Bedürfnisse Ihr Tier wirklich hat, und vermenschlichen Sie es nicht.

Es gibt kein Tier, das man anschreien muss, egal in welcher Situation. Tiere haben eine wesentlich feinere Wahrnehmung als wir. Versuchen Sie, sich mit wenigen, aber klaren Worten und Gesten zu verständigen.

1.5 Feste, Veranstaltungen und Sozialleben

- ***Lassen Sie sich von Stimmungen anderer Menschen merklich beeinflussen?***

- ***Wollen Sie nur noch allein sein, wenn Sie nervlich angespannt sind?***

- ***Halten Sie sich ungern unter vielen Menschen auf?***

- ***Vermeiden Sie große Feste und Veranstaltungen?***

Es gab schon immer nichts Schlimmeres für mich als Feste, Feten oder ähnliche Veranstaltungen – mit guten Freunden stundenlang feiern zu müssen, womöglich noch mit Übernachtung. Am schlimmsten fand ich im-

mer Feiern mit Gesellschaftsspielen. An Silvester waren üblicherweise viele Freunde bei uns zu Gast, naturgegeben dauerte die Feier bis nach Mitternacht, manchmal bis in die Morgenstunden. Um die Zeit bis Mitternacht zu überbrücken, wurden Gesellschaftsspiele gespielt. Ich hatte stets den Eindruck, dass ich die einzige Person war, die das absolut schrecklich fand. Am liebsten hätte ich mich in eine Ecke gesetzt und einfach nur zugesehen. So etwas strengt mich außerordentlich an.

Bei großen Feiern habe ich immer gerne die Büfettvorbereitung übernommen, am liebsten alleine in der Küche, wegen der damit verbundenen Ruhe. Nichts ist schlimmer als Gäste, die mithelfen wollen und dabei ständig reden und fragen, um es besonders gut zu machen.

War ich selbst der Veranstalter des Festes, war ich froh, dass ich mich mit der Betreuung und Bedienung der Gäste beschäftigen konnte, da ich so immer wieder die Gelegenheit hatte, mich unsichtbar zu machen und nicht zu lange am selben Ort zu verweilen.

Feste bedeuten eine totale Reizüberflutung für einen hochsensiblen Menschen. Viele Menschen, viele Eindrücke, viele Emotionen, viel Gerede, laute Musik, das alles bringt einen schnell an die Grenze des Erträglichen. Ich habe dies eine Zeit lang versucht, mit Alkohol zu beeinflussen. Alkohol hebt die Reizschwelle an, kupierte aber nur die Reizspitzen, man kann und will sich ja nicht bis zur Bewusstlosigkeit betrinken.

Warum nur ist der größte Teil der Menschheit so laut? Und bemerken das die anderen denn nicht? Ab und zu schon, man trifft sie schon, die Andersartigen, die leisen Menschen. Es gibt sie, aber sie sind nicht leicht zu finden.

Es ist mir auch unvorstellbar, an einer Demo teilzunehmen, das war schon immer so. Diese Massenaufläufe mit ihrer Dynamik erschrecken mich ungemein. Ich fühle mich bei so einer Veranstaltung fremdbestimmt, fühle mich überrollt und nicht gehört.

Hochsensible Personen können allerdings trotzdem in manchen Situationen völlig aus sich herausgehen, Situationen, in denen sie sich sicher fühlen, ohne Müdigkeit und Erschöpfung zu empfinden, das sind Gelegenheiten, die auch hochsensible Personen begeistern. Dann kann man auch als hochsensible Person ausgelassen, fröhlich und glücklich sein. Meist gibt es allerdings eher das stille Glück, berührende Momente eben.

Die Mehrheit bestimmt, was normal, was üblich ist. Betrachtet man aber den modernen Lebensstil mitsamt seiner Reizüberflutung, erkennt man, dass dies auch für weniger empfindsame Personen nicht gesund sein kann.

Jeder Mensch hat seine persönliche Komfortzone, was Stimulation anbelangt. Liegt die Reizaufnahme darunter, empfindet man dies als langweilig, liegt sie darüber, wird es anstrengend bis unerträglich. Dies gilt natürlich auch für nicht hochsensible Menschen.

Auch ein hochsensibler Mensch hat ein Bedürfnis nach sozialen Kontakten und nimmt dementsprechende Einladungen zu Festen an, wobei er dann mit der Teilnahme oftmals überfordert ist. Entzieht er sich zu früher Stunde, wird das natürlich von den anderen nicht gerne gesehen. So wird er meist eine Ausrede vorschieben, um die Veranstaltung unter einem Vorwand verlassen zu können. Aber der selbstgewählte Rückzug ist nicht nur zur Entspannung notwendig, sondern auch für das eigene Wachstum. Ich selbst reagiere auf Überstimulierung, indem ich mich geistig zurückziehe oder die Gesellschaft vorübergehend verlasse, und sei es nur, um auf die Toilette zu gehen.

Als hochsensible Person ist man Schwierigkeiten und Unverständnis gewohnt und kann anderen Menschen in diesen Situationen leicht weiterhelfen. Aber es gibt auch fast kuriose Momente. Nur wenige Hochsensible lieben das Feilschen. Vor allem in südlichen und asiatischen Ländern ist es nicht nur üblich, sondern sogar notwendig zu handeln. Ich kann mich an Situationen auf Bali erinnern, bei denen mein Partner auf dem

Markt gefeilscht hat wie ein Einheimischer und von seinen zwanzig Kindern zu Hause erzählt hat. Mir ist so etwas völlig zuwider, ich überlege mir vorher, wie viel mir eine Ware wert ist, was ich zu zahlen bereit bin, und möchte vom Verkäufer einen auch für ihn fairen Preis hören.

Schwierig für mich sind auch manch andere Zusammenkünfte, die ich im Vorfeld nicht abschätzen kann. So habe ich schon öfters an Ornithologentreffen teilgenommen, geführten Wanderungen mit Ornithologen, zum Beispiel an der Elbe oder im Donautal. Selbstverständlich setze ich dabei voraus, dass es eine ruhige Wanderung durch die Natur wird, bei der man mit dem Fernglas Vögel beobachtet und von den Fachleuten einiges erfährt.

Ich erinnere mich an eine Wanderung, bei der meine Geduld schon am Anfang überstrapaziert wurde. Diese Gruppe traf sich öfters, die meisten Teilnehmer kannten sich und ihre Eigenarten schon, und so wartete man gemeinsam fast eine halbe Stunde auf eine Teilnehmerin, die jedes Mal zu spät kommt. Ich finde so etwas äußerst rücksichtslos. Dann endlich machten wir uns nach einer ausführlichen Begrüßung auf den Weg. Schon bald teilten sich die Teilnehmer in mehrere Grüppchen auf und erzählten sich lautstark dies und das – auf jeden Fall Dinge, die mit dem Anlass der

Wanderung nichts zu tun hatten –, so dass weit und breit jedes Tier verscheucht wurde. Auf dem Aussichtsturm wurde weiter getratscht. Die anwesenden Ornithologen hielten sich mit ihren Fachinformationen allerdings geflissentlich zurück. Schließlich nahm ich Reißaus. Meinen Adrenalinspiegel bekam ich unter Kontrolle, indem ich ein Stück ins Ried lief. So hatte ich endlich die Gelegenheit, in aller Ruhe die Vögel zu studieren. Nachdem mir dies mehrfach passiert ist, habe ich beschlossen, meine Naturkundewanderungen alleine zu machen und mir die nötigen Informationen selbst zu besorgen, was heutzutage durch entsprechende Bücher, das Internet und Dokumentarfilme leicht möglich ist.

Es ist mir eine besondere Freude, zum Beispiel bei Konzerten, vor allem in den Pausen, Leute zu beobachten. Als hochsensible Person nimmt man ganze Geschichten wahr. Wenn die Leute wüssten, was sie im Umgang miteinander so alles verraten … Bei Pärchen merke ich genau, wer in das Konzert gehen wollte und wer nicht, wer dem anderen zuliebe mitgekommen ist und jetzt als Ausgleich Bestätigung dafür fordert. Oder ich erkenne den Vater, der zusammen mit seiner erwachsenen Tochter zum Konzert geht, um sich endlich einmal wieder mit ihr näher unterhalten zu können.

Wenn man alleine unterwegs ist, kann man sehr gut Smalltalk üben. Am einfachsten ist es, mit Bedienungen

kurz ins Gespräch zu kommen. Oder man wechselt in der Schlange an der Theke mit dem Nebenmann ein paar Worte. Man kann lernen, mit offenem und aufgeschlossenem Blick durchs Foyer zu gehen und den Leuten dabei direkt ins Gesicht zu blicken. Wenn man Freundlichkeit, Offenheit und Selbstbewusstsein ausstrahlt, wird man schnell, meist von Gleichgeschlechtlichen, angesprochen und in ein Gespräch verwickelt. Man kann so wunderbar mit Menschen in Kontakt kommen.

Als ich von Süddeutschland 850 Kilometer nach Nordosten gezogen bin, habe ich sehr schnell Kontakt zu meinen neuen Nachbarn gesucht. Ich bin viel umhergefahren und habe kulturelle Veranstaltungen besucht, am liebsten waren mir historische Wanderungen und Führungen, da man dabei nicht nur Land und Leute kennenlernt, sondern leicht mit den Teilnehmern ins Gespräch kommt. Dann dachte ich mir, es wäre endlich soweit, Veranstaltungen zu besuchen, die mich schon lange interessieren, für die ich aber bisher nie Zeit gefunden habe.

So bin ich zum Beispiel zu einer Boxnacht gegangen sowie zu Motocross-, Autocross-, Stoppelcar- und Traktorpullingveranstaltungen. Es gibt auf diesen Veranstaltungen ein sehr unterschiedliches Publikum, und die Eindrücke, die man dort gewinnen kann, sind ein-

zigartig. Geht man alleine auf solche Veranstaltungen, kann man sich zur Übung ins Gewimmel stürzen, kann aber recht schnell auch das Weite suchen, wenn es einem zu viel wird. Das Einzige, was ich nicht meistere, ist ein Besuch im Fußballstadion, dies kommt mir ähnlich schlimm wie eine Demo vor. Das Gefühlsbad im Fußballstadion ist für mich derart intensiv, dass ich das Gefühl habe, meine Identität zu verlieren.

Als Fazit kann ich nur sagen, gerade der hochsensible Mensch sollte in seinem Sozialleben Qualität gegenüber Quantität vorziehen.

Hochsensible sollten sich keine Gedanken darüber machen, was andere von ihnen denken, Menschen nehmen sich im Allgemeinen selbst so wichtig, dass sie gar nicht über andere nachdenken.

Auch sollte man sich selbst nicht zu wichtig nehmen, wenn man schlecht gelaunt ist. In dieser Stimmung kann man sich nicht im Spiegel ansehen, man findet sich hässlich, wohingegen ein anderer überhaupt nichts bemerkt. Äußert die Umgebung eine andere Meinung als man selbst, ist dies nicht als Zurückweisung aufzufassen, man braucht so etwas nicht persönlich nehmen. Dies greift nicht die eigene Person an! Es ist nur eine andere Meinung, nicht mehr. Niemand ist von Meinungen abhängig.

Hochsensible sollten sich ihrer eigenen Körpersprache bewusst werden, damit sie wissen, wie sie auf eine andere Person wirken. Die eigene Körpersprache wirkt durchaus auch auf den Geist ein. So ist es besser, man setzt sich nicht vorne auf die Kante des Stuhles, dies zeugt von Unsicherheit. Hochsensible können lernen, gerade und aufgerichtet zu gehen, indem sie sich vorstellen, wie eine Marionette an Fäden nach oben gezogen zu werden. Auch die Wirbelsäule wird sich dafür bedanken, aber vor allem das Selbstbewusstsein, das sich hierdurch aufrichtet.

Will man mit jemandem ins Gespräch kommen, ist es sinnvoll, keine Fragen zu stellen, auf die das Gegenüber mit Ja oder Nein antworten kann, diese Fragen sind die reinen Kommunikationskiller. Durch offene Fragen bekommt der andere die Gelegenheit, etwas auszusagen. Die meisten Menschen reden sehr gerne über sich selbst, und mit Fragen, die durchaus nicht neugierig sein müssen, bringt man die Menschen zum Reden. Ein kurzes Berühren der Schulter beim Abschied vermittelt Herzlichkeit. Man kann auch die Gefühle des anderen reflektieren.

Hochsensible Menschen haben Schwierigkeiten, etwas anzunehmen und ihren Wert bzw. den Wert ihrer Arbeit einzuschätzen. Kritik zu äußern, auch wenn sie berechtigt ist, fällt hochsensiblen Personen besonders schwer. Zu stille Mitglieder einer Gruppe macht die Gruppe allerdings schnell nervös, sie werden als Beobachter und Beurteiler angesehen. Also ist es besser, Mut zu fassen, die eigene Meinung zu äußern und dadurch Stellung zu beziehen. Hochsensible Personen haben durchaus häufig das Gefühl, etwas beitragen zu wollen oder zu müssen, weil sie mit ihren feinen Antennen Dinge wahrnehmen, die andere übersehen, aber sie trauen sich oftmals nicht, den Mund aufzumachen.

Ich habe durch meine Verschlossenheit in jungen Jahren schon immer arrogant auf andere gewirkt. Ich war für viele zu nachdenklich und machte dadurch einen überheblichen Eindruck. So fühlte ich mich nie wirklich zugehörig und wollte mich deshalb von den anderen abheben. In dieser Zeit litt ich unter starken Minderwertigkeitsgefühlen.

Es dauerte lange, bis ich Schritt für Schritt lernte, was gut für mich ist. In der Zwischenzeit weiß ich genau, wie viel Gesellschaft ich vertrage, und achte darauf, mir nicht zu viel zuzumuten, aber auch nicht zu wenig. Man muss immer wieder seine Grenzen ausloten, um die Möglichkeit zu schaffen, sich weiterzuentwickeln. Ich habe in der Zwischenzeit eine sehr klare und deutliche Ausdrucksweise und beziehe sehr geradlinig Stellung. Dies ist für mich immer mit einer Gratwanderung verbunden, da sich durchaus manche Menschen, wahrscheinlich vor allem hochsensible Personen, dadurch gekränkt fühlen, obwohl ich darauf achte, möglichst wertfrei zu argumentieren und niemanden anzugreifen.

Resümee

Begeben Sie sich in bekannte, sichere Situationen.

Gehen Sie spazieren, machen Sie eine Pause, tun Sie etwas für sich.

Lernen Sie, über Ungeschicklichkeiten, die letztendlich aufgrund von Überstimulierung passieren, zu lachen.

Üben Sie, sich in die Welt zu integrieren. Stürzen Sie sich ins Getümmel und ziehen sich rechtzeitig wieder zurück.

Weiten Sie Ihre Grenzen aus.

1.6 Teamplay

- ***Geben Sie sich große Mühe, keine Fehler zu machen und nichts zu vergessen?***
- ***Fühlen Sie sich in einer Gruppe schnell überfordert?***
- ***Versuchen Sie bei Auseinandersetzungen, die Ansichten aller Beteiligten zu verstehen?***
- ***Wollen Sie Ihre Gedanken erst alleine zu Ende denken, bevor Sie sie anderen mitteilen?***
- ***Bevorzugen Sie es, alleine Sport zu treiben?***

Ich bin kein Teamplayer, ich war es noch nie und werde es auch nie sein. Was nicht heißt, dass ich als Außendienstleiterin nicht einen sehr kooperativen Umgang mit meinen Mitarbeitern hatte. Ich weiß, was von mir erwartet wird, ich bin sehr diplomatisch und kann mit den entsprechenden Situationen umgehen. Aber solche

Situationen strengen mich an, und ich habe das Gefühl, dass sie letztendlich nicht viel bringen. Ich entscheide lieber selbst. Gerne nehme ich Anregungen auf, höre andere Aspekte, bin froh über neue Fakten und fundiertes Fachwissen, aber ich hasse diese ewige Rederei um des Redens willen. Auch von Brainstorming halte ich nicht viel – diese unausgegorenen Geschichten, die dabei herauskommen. Es gibt wirklich Leute, die sagen von sich, dass sie erst beim Reden denken und Gedankengänge entwickeln können. Aber ich möchte lieber nur das Ergebnis hören.

In Besprechungen zu sitzen und anderen bei ihrer Selbstbeweihräucherung zuzuhören strengt an und verschwendet meine Zeit. Um mich aus dieser Situation zu befreien, stelle ich als Gegenreaktion meine eigenen Leistungen heraus. Dadurch werde ich auch stärker wahrgenommen, als hochsensible Person halte ich mich ansonsten gerne zurück.

Im Beruf kann ich mich bis zu einem bestimmten Punkt mit dem Team arrangieren, aber nicht beim Sport. Es macht mir keinen Spaß, in einem Team zu sein, am schlimmsten sind Mannschaften wie beim Fuß- oder beim Handball. Durch einen meiner Partner kam ich zum Pétanque, einem Boule-Spiel. Irgendwann begann ich, an Wettbewerben teilzunehmen. Es gibt drei Klassen des Wettbewerbs: zwei Dreiermannschaften

gegeneinander, zwei Zweiermannschaften oder zwei Einzelspieler, wobei in den Mannschaften jedem Teilnehmer eine bestimmte Aufgabe zufällt, die im Allgemeinen im Team abgesprochen wird. Als Einzelkämpfer werden meist nur die besonders guten Spieler aufgestellt, da sie alle Aufgaben alleine meistern müssen und sich mit keinem Partner besprechen können. Ich war meist in den Zweier- und Dreierteams aufgestellt und spielte ganz akzeptabel, allerdings fehlte mir der Kampfgeist. Das ging noch in der Bezirks- und in der Landesliga ganz gut, aber als ich in der Oberliga mitspielte, kam ich mit dem verbissenen Ehrgeiz meiner Mitstreiter nicht zurecht. Ich spielte, um Spaß zu haben, und den verlor ich sehr schnell, wenn mein Team oder meine Gegner verbissenen um den Sieg kämpften. Nach dem Motto: Ach, wenn euch der Sieg so wichtig ist, hier habt ihr ihn, und werdet glücklich damit …

Einmal wurde ich als Einzelkämpferin gegen einen bekannten, sehr guten Spieler in der Oberliga eingesetzt. Ich denke, ich sollte das Bauernopfer sein. Mein Gegner sprach kaum ein Wort, wir begrüßten uns ordnungsgemäß, und jeder machte für sich sein Spiel, ohne den anderen zu beachten. Ich hatte nicht das Gefühl, gegen einen Gegner zu spielen, sondern löste einfach interessante Aufgaben. Das hat mir richtig Spaß gemacht. Zur Überraschung aller trug ich dann wirklich den Sieg davon.

Ich bin einfach kein Teamplayer. Es gibt zu viele Eindrücke und Reaktionen in kurzer Abfolge und damit verbundene Entscheidungen, dieser Situation fühle ich mich nicht gewachsen. Man kann lernen, in diese Situation hineinzuwachsen, aber dennoch macht es mir einfach keinen Spaß. Ich gehe lieber joggen oder wandern, aber auch dies nicht in der großen Gruppe, sondern am liebsten alleine oder zu zweit, damit ich mein eigenes Tempo halten kann. Selbst mit meinem Pferd war ich meist alleine im Gelände unterwegs und habe die Zweisamkeit und die Natur genossen.

Resümee

Hochsensible Personen arbeiten gerne im Hintergrund.

Verbiegen Sie sich im Beruf nicht zu sehr.

Lassen Sie sich nicht zu Mannschaftssportarten zwingen. Suchen Sie nach einer Sportart, die Ihrem Tempo und Ihrer Intensität entspricht.

1.7 *Abgrenzung*

- ***Können Sie Gefühle anderer leicht nachempfinden?***

- ***Machen Ihnen die Sorgen und Nöte anderer zu schaffen?***

- ***Finden Sie es leicht, Dinge vom Standpunkt anderer aus zu sehen?***

- ***Tut es Ihnen weh, wenn andere ungerecht behandelt werden?***

- ***Fällt es Ihnen schwer, Grenzen zu ziehen?***

- ***Fühlen Sie sich durch Konflikte überdurchschnittlich gestresst?***

Ich hatte schon immer ein Abgrenzungsproblem. Ich konnte nicht Nein sagen. In meiner ersten langjährigen Partnerschaft zweifelte ich bereits an der Beziehung, als

mein Partner nach einigem Hin und Her beschlossen hatte, mich zu heiraten. Ich traute mich aber nicht, ihm zu widersprechen. Das gipfelte schließlich in der Kirche, vor dem Traualtar. Ich wusste genau, dass hier das Falsche abläuft, aber ich schaffte es nicht, Nein zu sagen. Ich dachte mir wirklich: Wenn du es jetzt nicht schaffst, Nein zu sagen, dann musst du die Konsequenzen tragen. Die trug ich dann noch viele Jahre, bis ich mich so weit entwickelt hatte, dem Ganzen ein Ende zu bereiten.

Aber letztendlich brachte mich mein damaliger Mann durch sein ständiges Fremdgehen, seine Betrügereien und Vertrauensbrüche dazu, meine Grenzen auszuloten, und irgendwann sagte ich mir: Bis hierhin und nicht weiter. Was willst du eigentlich? Oder besser gesagt: Was willst du eigentlich nicht? Am Anfang ging es wirklich leichter über das Ausschlussprinzip.

Ich habe mich in dieser Hinsicht gehörig weiterentwickelt, setze mich aber weiterhin bewusst mit meiner Abgrenzungsproblematik auseinander. Ich bin sehr hilfsbereit und muss aufpassen, mich nicht von vorneherein zu übernehmen.

Doch, ich kann in der Zwischenzeit Nein sagen, aber immer noch ungern, ich versuche manchmal, solche Situationen gar nicht erst entstehen zu lassen. Ich

habe oft das Gefühl, dass ich egoistischer sein sollte und nicht immer so nachgiebig und diplomatisch. Ich fühle mich schnell verantwortlich für das Wohl der anderen und muss darauf achten, aus reinem Eigennutz auch ab und zu meinen Empfänger auszuschalten. Manchmal habe ich das Gefühl, dass ich Rollen spiele, angefangen von der Karrierefrau bis hin zur Geliebten. Authentisch bin ich, wenn ich alleine durch die Natur laufe, da kann ich sein, wie ich mich fühle.

Lange Zeit hatte ich ein starkes Bedürfnis nach Cocooning. Wenn mir die Welt draußen zu kompliziert und anstrengend wurde, zog ich mich zurück in den eigenen, überschaubaren Lebenskreis wie in einen Kokon. Allerdings hatte ich trotzdem immer den Wunsch nach Abwechslung und Abenteuer, doch aus eigenem Antrieb und nicht durch Fremdbestimmung.

Ich war oft mit einem Pickup-Camper in Kanada unterwegs: Ontario, British Columbia, Alberta bis in den Yukon. Den Kokon mit dabei, und dann durch die Wildnis Kanadas streifen, es kann kaum etwas Schöneres für mich geben. Die Rockies bieten eine unvergleichliche Weite, dagegen sehen unsere Alpen kleinbürgerlich aus. Allerdings kann ich hier zu Hause stundenlang kreuz und quer durch die Natur und die Wälder laufen. Dies gestaltet sich in Kanada nicht so einfach, zum einen, weil die Wälder oftmals dichtes Unterholz

besitzen, und zum anderen, weil man durchaus Bären und anderen Wildtieren begegnen kann, die einem gefährlich werden können.

Ein hochsensibler Mensch kämpft damit, sich abzugrenzen, in Situationen, die andere nur wenig berührt.

Ich erinnere mich an eine Situation im benachbarten Reitstall. Meine Freundin hat in diesem Stall ihr Pferd untergestellt, und ab und zu kümmere ich mich um ihr Pferd, vor allem wenn sie verreist ist. Nun habe ich selbst früher Pferde gezüchtet und als Reitlehrerin gearbeitet, darüber hinaus viele Fachbücher über dieses Thema veröffentlicht. Dementsprechend vorsichtig bin ich mit meinen Äußerungen im Reitstall. Trotzdem wurden mir, natürlich hinter meinem Rücken, Worte in den Mund gelegt, die ich niemals gesagt hatte. Dies führte fast zu einem Hofverbot. Ich habe lange überlegt, ob ich dies richtigstelle und die Sache dann doch ad acta gelegt. Hätte ich jeden Tag mit diesen Leuten zu tun, wäre es vielleicht etwas anderes, aber so war es mir die Streiterei, zu der dies geführt hätte, nicht wert. Das alles ist reine Energieverschwendung. Auch dies ist eine Form von Abgrenzung, sich auf solche Konfrontationen gar nicht erst einzulassen.

Es ist nicht egoistisch, Grenzen zu setzen, sondern lebensnotwendig. Gerade in der heutigen Zeit, in der fast jeder uns per Internet oder Telefon erreichen kann, ist es nötig, diesen Zugang einzuschränken, auch wenn wir dadurch manchem distanziert oder unfreundlich erscheinen. Die Freiheit des Einzelnen hört dort auf, wo er die Freiheit eines anderen beeinträchtigt. Damit der andere dies erkennt, müssen wir ihm durchaus Grenzen aufzeigen.

Jeder Mensch braucht Schutzzonen, die ihm zur Erholung dienen – der eine mehr, der andere weniger. Diese Schutzzonen sollten gut erkennbare Grenzen für andere aufweisen, damit sie respektiert werden können.

Beispielsweise kann man Freunden mitteilen, dass man nach 21 Uhr nicht mehr angerufen werden möchte. Es ist unnötig, hierbei Schuldgefühle zu haben oder diese Grenzen als lieblos zu erachten. Andere Menschen sollten sich dadurch auch nicht gekränkt oder in ihren Rechten beschnitten fühlen, sondern eher ihre eigenen Grenzen überdenken. Innerhalb dieser Schutzzone kann sehr viel Weiterentwicklung stattfinden (siehe auch Kapitel 2.9 Mantra-Meditation).

Diese Grenzen sind von Mauern zu unterscheiden, die undurchlässig sind. Unsere persönliche Grenze entspricht einer Grundstücksgrenze. Wir können durchaus einem Menschen, der uns lieb ist, Zutritt gewähren, aber das setzt voraus, dass sich der andere uns gegen-

über respektvoll benimmt, sonst wird er unseres Grundstücks verwiesen. Solch durchlässige Grenzen zu setzen macht das Leben und den Kontakt mit unseren Mitmenschen sehr erfreulich und schön.

Je nach Eigenart des Grundstückbesitzers wird dieser seinen Zaun höher oder niedriger, durchlässiger oder undurchlässiger gestalten. Über diesen Zaun hinweg kann man sich unverbindlich unterhalten, aber nur der Grundstücksbesitzer kann seine Türe von innen öffnen.

Resümee

Lernen Sie Nein zu sagen.

Fühlen Sie sich nicht immer gleich betroffen.

Lernen Sie Ihre Grenzen kennen.

Sorgen Sie dafür, dass Ihre Grenzen respektiert werden.

1.8 Urlaub

- ***Werden Sie bei dem Gedanken an Familienurlaub von Panik ergriffen?***

- ***Erstellen Sie eine Kontrollliste und fangen sehr früh an zu packen?***

- ***Möchten Sie Ihren Urlaub am liebsten durch und durch organisiert haben?***

- ***Leiden Sie bei Flugreisen stark unter Jetlag?***

Also, das Schlimmste, was mir passieren könnte, wäre ein Urlaub auf einem klassischen deutschen Campingplatz. Eher würde ich am Strand oder in einer Scheune schlafen. Es ist unvorstellbar für mich, wie sich ein Mensch freiwillig auf einen Campingplatz begeben kann. Die kleinen Parzellen, die vielen Leute, die Geräuschkulisse, das Neben- und Miteinander – wie kann

man so etwas ertragen? Und dies soll sogar Urlaub und Entspannung sein?

Es gibt natürlich auch andere Campingmöglichkeiten. Wenn wir unseren Urlaub in Kanada verbracht haben, sind wir mit einem Pickup-Camper gen Norden bis in den Yukon gefahren – durch die Rockies, durch Küstengebirge, durch unvorstellbar schöne Landschaften und durch viele Naturreservate. Das ist nach meinem Geschmack. Auf dem Golden Circle im Nordwesten von British Columbia gibt es auf 350 Kilometern keine Tankstelle und nur wenige „Campgrounds". Es gibt in Kanada durchaus bewirtschaftete Campingplätze, die den gleichen Service bieten wie hierzulande, allerdings mit wesentlich größeren Stellplätzen, und selbst in der Hochsaison sind sie nicht so sehr belegt wie bei uns. Das Schöne sind allerdings die nicht bewirtschafteten Plätze weiter im Norden, in der Wildnis: oft über hundert Quadratmeter große Stellplätze, meist umwachsen von großen Bäumen und Gebüsch, oftmals an einem Seeufer gelegen; auf dem Platz eine angelegte Feuerstelle, meist mitsamt Grill und kostenlosem Feuerholz. Gegen Abend treffen allmählich die Camper ein, entfachen ihre Lagerfeuer, grillen, unterhalten sich leise und verhalten sich unauffällig. Selbst wenn der Campingplatz einmal voll besetzt sein sollte, fällt dies nicht weiter auf.

Je weiter man gen Norden kommt, desto weniger Besucher gibt es auf den Campingplätzen. Nicht selten kam es vor, dass wir selbst in der Hauptsaison ganz alleine waren. Es war ein unbeschreibliches Erlebnis, mitten in der Wildnis mit unserem Camper, der mit allem Notwendigem ausgestattet ist, unterwegs zu sein. In Barkerville, der alten Goldgräberstadt, gab es zwei große Campingplätze. Wir waren die Einzigen auf einem der beiden Plätze. Auf dem anderen, nicht weit entfernt, gab es noch einen Camper. Am Abend bekamen wir dann Besuch vom anderen Campingplatz und saßen noch bis in die Nacht zusammen und führten anregende Gespräche.

Auch unterwegs trafen wir immer wieder auf interessante Menschen, Einwohner wie auch Touristen, zum Beispiel Rentner aus Amerika, die schon ein halbes Jahr unterwegs waren. Meist waren dies Menschen wie wir, die die Einsamkeit suchten und sich freuten, jemand zu treffen, um sich über das Wetter und die Straßenverhältnisse austauschen zu können.

Auch denke ich immer gern an meine Urlaube auf Bali zurück. Die Städte Balis mit ihrem unglaublichen Lärm, Touristenattraktionen, Kunstwerkstätten und Märkten, das ist das laute Bali. Die Atmosphäre im Hotel dagegen war sehr ruhig, getragen von Gamelanmusik und hatte meditativen Charakter. Ich habe Bali nie

überlaufen von Touristen erlebt und hatte die Gelegenheit, sehr lange und einsame Strandspaziergänge am Indischen Ozean zu machen – Urlaub für die Seele! Selbst meine Ausflüge in die nähere Umgebung, die ich gerne zu Fuß machte, liefen sehr ruhig und harmonisch ab. Ich passte meine Bewegungen denen der Balinesen an. Bei 30 Grad im Schatten und über 90 Prozent Luftfeuchtigkeit bewegt sich kein Einheimischer in einem für deutsche Verhältnisse üblichen Tempo. Passt man sein Tempo den Gegebenheiten an, hat man kein Problem mit dem Klima. Es breitete sich schnell eine große Gelassenheit aus, die ich auch noch lange nach meiner Rückkehr nach Deutschland aufrechterhalten konnte. Auf der Autobahn fuhr ich nach meiner Rückkehr gelassen auf der rechten Spur und schaute rastlos davonbrausenden Autos auf der Überholspur hinterher.

Vor nicht allzu langer Zeit habe ich die Herausforderung eines Kanuurlaubs in Schweden angenommen. Ich wollte schon immer gerne Paddelurlaub machen, aber aufgrund meiner Pferdehaltung und der damit verbundenen Arbeit konnte ich nie lange genug üben. Bei einem Firmenjubiläum unternahmen wir eine Kanufahrt auf der Lahn, genau das Richtige für den Einstieg. Dabei erfuhr ich, dass ein Kollege von mir in wenigen Wochen eine Kanutour in Schweden leiten würde, eine Seentour mit Zelt und ohne Komfort. Da wollte ich mit!

Also buchte ich schnellstmöglich zwei Wochenendkurse bei einer Wildwasserschule, um meine Kanukenntnisse, bis dahin kaum vorhanden, auszubauen.

Ich glaube, die Wildwasserschule wunderte sich über eine einzelne Dame über fünfzig, aber die Kurse vermittelten mir eine ganze Menge an Wissen und Sicherheit. Und als hochsensible Person strebt man nach Perfektion.

Also, auf nach Schweden. Dazu sei angemerkt, dass das Durchschnittsalter der Reisegruppe bei Mitte zwanzig lag und ich mich mit meinen Paddelkenntnissen im vorderen Drittel bewegte. Nach dem Basiscamp ging es in die Wildnis. Bis auf einen Tag war sehr mäßiges bis schlechtes Wetter mit viel Regen. Jeden Abend wurde ein Platz in der Wildnis angesteuert, als Erstes das Küchenzelt aufgestellt und ein Lagerfeuer gemacht, dann konnten die privaten kleinen Zelte aufgestellt werden. Wer Küchendienst hatte, fing an zu kochen, Holz zu hacken, Geschirr abzuspülen, und was sonst so alles zu tun ist. Wer lange in die Nacht hinein feiert, kommt morgens schwer aus den Federn. Ich stand zusammen mit unserem Reiseleiter morgens immer als Erste auf, entfachte schon früh das Feuer, um Kaffee zu kochen und dann lange, einsame Spaziergänge durch die Wildnis zu unternehmen, während die anderen erst aufstanden und frühstückten.

Im Kanu saßen wir zu zweit, ich hatte einen erfahrenen Paddler dabei, der wenig redete. Die Gruppe zog sich fast immer weit auseinander, so dass wir in Ruhe über das Wasser glitten.

Zum Erstaunen der anderen baute ich mein Zelt, obwohl ich alleine war, sofern es der Platz ermöglichte, etwas entfernt von der Gruppe auf. Ich hatte keine Angst dort, ich wollte einfach meine Ruhe. Einmal trafen wir zwei Männer, die mit ihrem Boot in der Wildnis ein paar Tage zum Angeln unterwegs waren. Wie habe ich sie beneidet. So etwas finde ich traumhaft schön – Natur pur und Ruhe. Abends habe ich mich meist rechtzeitig zurückgezogen, bevor es mir zu anstrengend wurde, oder nur am Lagerfeuer gesessen und den anderen gelauscht.

Und es war eine tolle Erfahrung, mit den jungen Leuten nicht nur körperlich mithalten zu können, sondern ihnen vieles voraus zu haben. Das Lagerleben will organisiert sein, es gibt viel zu tun, wobei jeder anpacken sollte, und will man etwas Warmes zu essen haben, muss man sich rechtzeitig darum kümmern.

Schwierig ist es für mich, mit anderen Menschen zusammen einen konventionellen Urlaub zu machen. Mit meinem Partner kann ich mich noch absprechen, sind aber mehrere Menschen dabei, wird es schwierig. Jeder will etwas anderes, meistens ist das Ruhebedürfnis bei den anderen bei Weitem nicht so ausgeprägt wie bei mir, und man gilt schnell als Spielverderber, wenn man nicht mitmacht.

Früher wollte ich am liebsten überhaupt nicht in Urlaub fahren, da mir alles zu anstrengend war. So manches Mal hätte ich am liebsten meinen Urlaub abgebrochen, wenn ich zu vielen Reizen ausgesetzt war, und bekam überaus große Sehnsucht nach Ruhe und zu Hause. Heutzutage weiß ich, wie ich meinen Urlaub gestalten kann, damit er mir große Freude bereitet.

Resümee

Nehmen Sie sich im Urlaub nicht zu viel vor. Planen Sie ruhige Zeiten ein.

Genießen Sie Auszeiten beim Reisen.

Gönnen Sie sich etwas Einsamkeit. Lassen Sie sich nicht vereinnahmen.

2. *Kapitel*

Die eigene Entwicklung voranbringen

- ***Haben Sie das Gefühl, dass Sie mehr reflektieren als andere Personen?***

- ***Bevorzugen Sie eine ruhige, wenig chaotische Umgebung?***

- ***Sind Ihre Akkus häufig schon erschöpft, wenn andere gerade zur Hochform auflaufen?***

- ***Brauchen Sie lange, um intensive Erlebnisse zu verarbeiten?***

- ***Spielen in Ihrem Leben, Gerechtigkeit, Glaube, Sinnhaftigkeit und Werte eine große Rolle?***

Eine hochsensible Person neigt zu tiefer Reflexion, wenn sie dies zulässt. So kann sie sich leicht immer weiter entwickeln, um zu einer Persönlichkeit heranzureifen. Die starke Intuition und das häufige Nachdenken macht viel Unbewusstes zugänglich und versetzt sie in die Lage, alte Wunden zu heilen und viel über das eigene Innenleben zu erfahren.

Um auf diesem Weg schnell voranzukommen, gibt es eine Fülle von Techniken, die eine hochsensible Person dabei unterstützen können. Man sollte durchaus unterschiedliche Techniken ausprobieren, um festzustellen, welche einem behagen und was sie bewirken, man kann sie miteinander kombinieren und sollte sich nicht scheuen, sie längere Zeit auszuprobieren, um einer Veränderung Zeit und Raum zu geben. Speziell diese Weiterentwicklung bringt einer hochsensiblen Person die nötige Sicherheit, um ihr Leben in Glück und Zufriedenheit zu leben.

2.1 Zeitmanagement

Ihre Zeit ist kostbar. Durch Zeitmanagement kann man sich die Zeit besser einteilen und sie besser nutzen.

Gerade für hochsensible Personen ist es besonders wichtig, Struktur und Sicherheit in ihr Leben zu bringen, damit sie sich wohlfühlen und letztlich zu sich selbst finden können. Auch benötigen Hochsensible

mehr Pausen, mehr Rückzugsmöglichkeiten, was ohne gutes Zeitmanagement nicht machbar ist.

Ihr Zeitmanagement ist dann gut, wenn Ihre Tatkraft nicht bei Unwichtigem verharrt, sondern auf Wichtiges gelenkt wird. Zeitmanagement soll Kräfte bündeln und damit Stress vermindern. Die wohl wichtigste Frage ist: Warum habe ich zu wenig Zeit? Denken Sie darüber nach, was Ihnen Zeit stiehlt.

Zeitdruck wird häufig dadurch verursacht, dass man zu viel Zeit für unwichtige Dinge braucht oder sich von einer begonnenen Arbeit ablenken lässt. Versuchen Sie, diesen Zeiträubern auf die Spur zu kommen und sie Schritt für Schritt zu eliminieren. Dazu gehört zu lernen, wie man Prioritäten setzt. Um sinnvoll planen zu können, müssen Sie in der Lage sein, zwischen wichtig und unwichtig zu entscheiden. Außerdem gibt es Wichtiges und Dringendes.

Wichtige Dinge erkennen Sie daran, dass sie zur Erfüllung Ihrer Ziele und Wünsche von Bedeutung sind, dringende Dinge erfordern hingegen ein schnelles Handeln, bringen Sie aber nicht Ihren Zielen näher.

Priorität A bekommen Aufgaben, die sowohl wichtig als auch dringend sind, da sie sofort erledigt werden sollten. Priorität B bekommen Aufgaben, die wichtig, aber nicht dringend sind. Solche Tätigkeiten können durchaus zeitlich geschoben, sollten aber terminiert werden. Priorität C entspricht Aufgaben, die dringend, aber nicht wichtig sind.

Im Beruf kann das zum Beispiel bedeuten, dass man sie nach Möglichkeit an jemand anderen delegiert, um sich wichtigeren Dingen widmen zu können. Priorität D bezeichnet den Rest, ist also weder wichtig noch dringend, manches davon möchte man aber durchaus erledigen. Hat man ausreichend Zeit zur Verfügung, kann man einzelne Aufgaben mit Priorität D erledigen, die verbleibenden kann man ignorieren.

Um diese Prioritätenliste in einen sinnvollen Zeitmanagementplan übertragen zu können, benötigen wir den entsprechenden Zeitaufwand pro Aufgabe. Beobachten Sie sich selbst, wie lange Sie für welche Tätigkeiten brauchen.

Achten Sie darauf, dass Sie sich nicht ablenken lassen, sondern wirklich konzentriert bei der Sache bleiben. Dies gilt nicht nur für berufliche Aufgaben, sondern durchaus auch im privaten Bereich. Achten Sie einmal darauf, wie lange Sie wirklich brauchen, um Ihr Büro gründlich zu putzen. Setzen Sie vorher den Maßstab dafür fest. Das Zimmer gründlich zu putzen setzt nicht voraus, dass Sie Ihre Bücher aussortieren oder alle Schränke ausräumen. Legen Sie für solche Tätigkeiten gewisse Normen fest, die für Sie gelten.

Oder achten Sie darauf, wie lange Sie brauchen, um Ihr Auto gründlich zu säubern … Nur wenn Sie wissen, wie lange Sie für die Tätigkeiten brauchen, können Sie auch gezielt planen.

Es gibt kurz-, mittel- und langfristige Termine. Tragen Sie sich Ihre feststehenden Termine mit Uhrzeitangabe in Ihren Kalender ein und ergänzen Sie dann den Wochen- bzw. den Tagesplan. Dies betrifft durchaus nicht nur Ihre dienstlichen, sondern auch Ihre privaten Termine.

Unterteilen Sie eine große Aufgabe in mehrere kleine Teilschritte, so dass Sie Ihrem Ziel Schritt für Schritt näher kommen. So können Sie überlegen, welche Aufgaben und Tätigkeiten auf Ihrer Checkliste in der jeweiligen Woche zu schaffen sind. Bleiben Sie hierbei realistisch und bauen Sie immer wieder Pufferzeiten ein. Sie stellen auf diese Weise sehr leicht fest, wie viele Aufgaben Sie am Tag erledigen können, und müssen gezwungenermaßen unwichtigere Dinge verlegen, zu denen keine Zeit mehr bleibt.

Arbeiten Sie dann konzentriert Ihre Liste der Reihe nach ab. Sollten Sie durch Ihre effiziente Arbeit unplanmäßig Freizeit haben, dann nutzen Sie diese auch zur Erholung und hüten Sie sich davor, schnell noch andere Aufgaben zu erledigen. Planen Sie auch längere Zeitabschnitte zur Erholung ein und halten Sie sich auch an diese. Denken Sie daran, Ihren Tagesplan am Abend zu überprüfen.

Mir macht es schon tagsüber großen Spaß, die einzelnen erledigten Punkte abzuhaken. Bleiben Tätigkeiten unerledigt, aus welchem Grund auch immer, sollten Sie überlegen, ob diese unerledigte Aufgabe so wichtig ist, dass sie am nächsten Tag erledigt werden muss, oder ob sie delegiert oder sogar vernachlässigt werden kann.

Nicht zuletzt gibt es auch eine Not-to-do-Liste! Darauf steht zum Beispiel, dass man während der Arbeit nicht ständig die eingegangenen Mails kontrollieren und die Konten bei sozialen Netzwerken nur zu genau festgelegten Zeiten aufrufen soll. Wenn man sich daran hält, sind wesentliche Zeiträuber schon ausgeschaltet. Und egal, um welches Thema es geht, entlasten Sie Ihren Kopf und machen Sie sich Notizen, um diese anschließend in Ihren Plan zu übertragen.

2.2 *Positives Denken*

Wie so vieles beginnt positives Denken im Kopf. Ich finde es phantastisch, dass es immer mehr Forschungen gibt, die belegen, dass eine positive Einstellung wichtig für Leib und Seele ist. Dies gilt ganz besonders für Hochsensible, da sie sehr zum Grübeln neigen. Positives Denken wirkt sich auf das ganze Leben aus. Die Beziehung zu Menschen und zur Natur wird besser, man hört auf, andere Menschen zu verurteilen, und – was ich besonders schön finde – man hört auch auf, Negatives über andere Menschen zu verbreiten.

An negative Situationen zu denken ist pure Energieverschwendung. Sicherlich sollte man eine Situation analysieren und die Konsequenzen daraus ziehen, aber es hat keinen Wert, sich zu überlegen, was gewesen wäre, wenn ... Es gibt kein „Was wäre, wenn", denn wir leben in der Gegenwart. Den meisten Menschen fällt es gar nicht so leicht, positiv zu denken. Um eine positive Einstellung wirklich zu leben, muss man sich zuerst selbst annehmen und Verantwortung für sich übernehmen. Jeder Mensch, dem man begegnet, hat es verdient, mit Freundlichkeit und Respekt behandelt zu werden. Auch man selbst möchte so behandelt werden, also sollte man dies vorleben, selbst wenn dieses Verhalten nicht sofort erwidert wird. Ist ein anderer Mensch uns gegenüber unachtsam, hat das in den seltensten Fällen etwas mit uns zu tun, sondern damit, dass er mit sich selbst beschäftigt ist. Die meisten Menschen nehmen sich selbst viel wichtiger als die anderen. Viele sind neidisch und versuchen, andere zu erniedrigen, um sich selbst besser zu fühlen. Dieses Verhalten bereitet negative Gefühle und vermindert das eigene Selbstbewusstsein. Wir müssen keinem etwas beweisen, wenn wir Verantwortung für uns selbst übernehmen und mit uns im Reinen sind.

Es ist auch nicht nötig, sich ständig mit anderen zu vergleichen. Andere Menschen haben eine andere Entwicklung hinter sich, haben andere Wünsche und Bedürfnisse, Sorgen und Nöte als wir selbst.

Wir müssen weder zu Menschen, die besondere Stärken haben, hinaufschauen, sie haben auch Schwächen, noch auf Menschen, an denen wir besondere Schwächen feststellen, heruntersehen, wir haben ihre Stärken nur noch nicht bemerkt. Allerdings sollte man die Menschen um sich herum durchaus bewusst wahrnehmen.

Egal, ob Familie, Freunde, Kollegen oder Kunden, wenn man mit Menschen zu tun hat, dann sollte man

sich ihnen widmen, ihnen zuhören, ihre Wünsche wahrnehmen und sie das auch spüren lassen. Man sollte jede Möglichkeit ergreifen, dem anderen Anerkennung zukommen zu lassen für das, was er zur Situation beiträgt. Es gibt den ganzen Tag über viele Gelegenheiten, Komplimente zu machen.

Sie werden feststellen, dass die wenigsten Menschen gewöhnt sind, Komplimente anzunehmen. Viele Menschen haben das Gefühl, sich für ein Kompliment entschuldigen zu müssen, als ob sie gar nichts dazu beigetragen hätten. Doch sie haben etwas geleistet und dürfen diese Anerkennung ganz einfach annehmen.

Halten Sie fest, was Sie erreicht haben. Kennzeichnen Sie erledigte Aufgaben auf Ihrer To-do-Liste und freue Sie sich darüber, wie viel Sie schon erledigt haben. Man kann sich während des Tages über sehr vieles freuen. Egal, ob über eine erledigte Aufgabe oder das Lächeln der Kassiererin im Supermarkt.

Es gibt auch Tage, an denen wir uns einfach nicht gut fühlen. Das sollte man wahrnehmen, aber nicht überbewerten. An solchen Tagen fühlt man sich unsicher und zögerlich. Belästigen Sie damit keine anderen Menschen, sie haben das nicht verdient. Es ist nicht sinnvoll, in diesem Moment anderen Menschen etwas vorzujammern, es kostet nur Zeit und erzeugt negative

Gefühle. Wenn Sie unbedingt negativen Gedanken nachhängen wollen, dann für sich alleine. Wenig sinnvoll ist es auch, über die Vergangenheit zu grübeln. Der einzige Grund, über die Vergangenheit nachzudenken, ist der, zu überlegen, was man daraus lernen und in Zukunft besser machen kann.

Ich kann mich daran erinnern, dass es mir am Anfang extrem schwergefallen ist, positiv zu denken. Um es zu trainieren, habe ich es als eine sportliche Übung angesehen. Das heißt, ich habe angefangen, nur wenige Minuten am Tag bewusst positiv zu denken. Dazu gehört erst einmal, festzustellen, was ich denke und was ich sage. Erst denke ich, dann spreche ich.

Eine äußerst interessante Übung besteht darin, sich wie auf einer Bühne zu sehen und dabei zuzuschauen, wie man agiert, und die Worte, die man spricht, einmal näher zu betrachten: Was sage ich, was drücke ich damit eigentlich aus? Sage ich wirklich das, was ich vermitteln will? Wie versteht mein Gesprächspartner das, wie fasst er das von mir Gesagte auf? Somit sind wir wieder bei der Transaktionsanalyse (siehe Kapitel 1.2).

Für den Anfang können wir einfach einmal versuchen, negative Äußerungen herunterzuschlucken, es wird uns schwer genug fallen, und schnell merken wir, wie viele negative Dinge wir von uns geben. Sind wir

alleine, können wir uns gut auf unsere Gedanken konzentrieren. Versuchen Sie einen aufkommenden negativen Gedanken sofort durch einen positiven zu ersetzen. Das ist am Anfang nicht leicht, aber es kann buchstäblich zu einem Sport werden.

Beispiele:

Graue Wolken am Himmel, gleich wird es schon wieder regnen ...

Graue Wolken am Himmel, wie schön für die Natur, wenn es gleich regnen wird, die Blumen werden sprießen ...

Nächste Woche habe ich schon wieder ein Meeting mit meinen Kollegen, dabei wird wieder nichts herauskommen.

Nächste Woche treffe ich mich wieder mit meinen Kollegen zu einem sicherlich interessanten Austausch. Schon die Fahrt dahin wird schön werden.

Obwohl sich diese Beispiele einfach anhören, gestaltet sich positives Denken am Anfang schwierig. Hören Sie damit auf, wenn es anstrengend wird.

Am Anfang reichen einmal am Tag wenige Minuten aus. Als Nächstes versuchen Sie es mehrmals am Tag ein paar Minuten, am besten in Situationen, in denen Sie entspannt sind. Dann können Sie die Zeit ausweiten, probieren Sie es mit einer viertel, dann mit einer halben Stunde am Tag, schließlich auch in Situationen, in denen andere Menschen dabei sind. Es macht immer mehr Spaß, da man sich nicht nur selbst besser fühlt, sondern auch die Umgebung positiv auf uns reagiert.

Aber bleiben Sie bei der Wahrheit! Es geht nicht darum, irgendetwas schönzureden, sondern darum, zu erkennen, dass es nichts gibt, was nur negativ ist. Es ist die eigene Sichtweise, die das Wohlbefinden und Selbstwertgefühl steigern kann. Ich verwende lieber den Begriff bejahendes Denken, er trifft die Sache besser und ist nicht mit so vielen Vorurteilen besetzt.

2.3 *Affirmationen*

Affirmationen sind kurze Mitteilungen, die Denkmuster des Gehirns trainieren. Mit Affirmationen zu arbeiten ist eine der einfachsten und bekanntesten Methoden, wenn es darum geht, sich selbst weiterzuentwickeln.

Eine Affirmation ist ein bejahender Satz, den wir uns selbst wieder und wieder sagen, um unsere Gedanken umzuprogrammieren. Man kann diese Affirmationen vor sich hin sprechen oder auch nur denken, man kann sie zur Unterstützung auch immer wieder aufschreiben.

Das Ziel dabei ist, unsere Gefühle und unser Verhalten dauerhaft zu verändern. Denn Denken, Fühlen und Handeln hängen wechselseitig zusammen, und wenn wir unsere Gedanken durch Affirmationen dauerhaft ändern, dann ändern sich nach einer Weile auch unsere Gefühle und unser Verhalten. Das funktioniert erstaunlich gut.

Affirmationen sollten in der Gegenwartsform und bejahend gehalten sein. Achten Sie darauf, dass Sie sich wohlfühlen mit der Affirmation. Wenn Sie sich unwohl mit dem Satz fühlen, dann formulieren Sie ihn um.

Wählen Sie einfach die Formulierungen, bei denen Sie ein gutes Gefühl haben. Arbeiten Sie so oft wie möglich mit diesen Affirmationen, zum Beispiel beim Spazierengehen, halten Sie sich aber nicht krampfhaft daran fest, sondern lassen Sie sie wie Gedanken an sich vorüberziehen.

Ich schreibe Ihnen als Beispiel hier einige Affirmationen auf, seien Sie aber ruhig kreativ und formulieren Sie Ihre eigenen.

Beispiele:

Mein Zweck des Lebens ist, alles zu erleben, was ich mir wünsche, damit ich lebe, ohne etwas zu bedauern.

Für meine Entwicklung trainiere ich tagtäglich meinen Körper und Geist und gönne mir genügend ruhige Zeit in der Natur.

Ich übernehme die Verantwortung für mein eigenes Leben.

Ich bin für andere ein Gefährte auf der bemerkenswerten Reise des Lebens.

Ich wohne in einem Holzhaus mit Blick auf einen See.

Ich sehe hinter die Dinge und verstehe die Zusammenhänge.

Ich bin es wert, geliebt zu werden, ich lebe Liebe.

Ich bin dankbar für meine vollkommene Gesundheit.

Ich bin erfolgreich in allem, was ich tue.

Ich bin dankbar für meine optimale, lukrative und harmonische Aufgabe, die mich unabhängig und wohlhabend macht.

Ich bin imstande, alle Rechnungen zu jeder Zeit zu zahlen.

Ich bin ein Mensch, der entscheidungsfreudig und voll Vertrauen in die eigene Kraft handelt, in jeder Situation.

Das Leben ist wunderbar, alles in meiner Welt ist vollkommen, und überall und jederzeit kommt Gutes auf mich zu.

Ich lebe in der Gesamtheit aller Möglichkeiten, wo ich bin ist alles Gute.

Ich, meine Tiere und die Menschen, die mich umgeben, sind glücklich und zufrieden.

Das Leben hält jeden Tag neue Möglichkeiten bereit, du musst dich nur entscheiden.

2.4 Gesundheit

Geist und Seele können sich nur entwickeln, wenn es auch dem Körper gut geht. Hochsensible Personen nehmen gesundheitliche Probleme gut und früh wahr, sofern sie nicht unter Stress stehen. Sie legen meist auch Wert auf Prävention.

Um nicht krank zu werden, müssen sie sich mit ihrem sozialen Leben auseinandersetzen, so dass sie ein stressfreies und gefestigtes Leben führen können. Fehlt allerdings die medizinische Grundkenntnis kann dies zu Fehlalarmen führen bis hin zur Hypochondrie. Der Arzt sollte die Sensibilität ernst nehmen, aber nicht überbewerten. Die Diagnosemöglichkeiten der klassischen Schulmedizin sind nicht außer Acht zu lassen, obwohl die Naturheilverfahren bei hochsensiblen Patienten besser als Früherkennungssystem fungieren. Fachärzte für Naturheilverfahren sind oftmals hochsensible Personen. Der hochsensible Mensch muss, wie jeder andere auch, für seine Gesundheit die Verantwortung übernehmen und sein Leben dementsprechend ausrichten. Das heißt, er sollte genügend Sport treiben, sich gesund ernähren und für ausreichend Schlaf sorgen.

Ist der Hochsensible noch nicht in sich gefestigt, zeigt er meist eine geringe körperliche Leistungsfähigkeit und Koordinationsschwierigkeiten, so dass es nicht selten zu Verletzungen wie Beinbrüchen oder verstauchten Knöcheln kommt. Ein gewisses Maß an Sport ist aber unumgänglich. Am besten fängt man unter der Aufsicht von Fachleuten im Sportstudio damit an. Allerdings haben hochsensible Menschen oftmals Schwierigkeiten, in der Gruppe Sport zu treiben, da das Gefühl, beobachtet zu werden, den Erregungszustand erhöht (siehe Kapitel 1.6). Gehen Sie einfach außerhalb der Stoßzeiten ins Studio. Fangen Sie auch zu Hause mit dem Training an.

Um sein Innerstes zu stabilisieren, ist eine gewisse Meditationspraxis zu empfehlen (siehe Kapitel 2.9). Auch Hypnose kann sich positiv auswirken. Durch Hypnose wird ein veränderter Bewusstseinszustand erzielt, der von tiefgreifenden physiologischen und psychischen Veränderungen begleitet ist. Man kann damit selbst akute Schmerzen unterbinden, so dass ein operativer Eingriff wie eine Zahnextraktion ohne Anästhetikum möglich ist. Die moderne Hypnosetherapie gilt als ein psychotherapeutisches Verfahren, bei dem das im Patienten vorhandene Reservoir an positiven Erfahrungsmöglichkeiten, latenten Bewältigungsstrategien und eigenen Stärken aktiviert und zur Bewältigung körperlicher und psychischer Probleme genutzt wird.

2.5 Sport

Durch sportliches Training verbessert sich nicht nur der Allgemeinzustand des Körpers, man wird auch psychisch merklich stabiler, was sich gerade hochsensible Personen zunutze machen sollten.

Wer sich körperlich verausgabt, kann sich leichter entspannen, d.h., körperliches Training sollte sich mit Entspannungstechniken abwechseln, um körperlich, geistig und seelisch fit zu bleiben oder zu werden. Hochsensible Personen tendieren zu Sportarten, die man alleine ausüben kann, wie Radfahren, Laufen oder Wandern.

Da ich in der Gesundheitsbranche tätig war, war mir schon früh klar, wie wichtig Sport für die eigene Gesundheit ist. Ich fing mit Anfang zwanzig an zu joggen und fand es äußerst mühsam. Minute für Minute quälte ich mich durch ein kurzes Intervalltraining. Ich hatte weder die Ausdauer noch die nötige Muskulatur, auch an der Koordination mangelte es mir. Gleichzeitig fing ich an, mich über die wissenschaftlichen Hintergründe der Sportmedizin zu informieren, und beschloss, auch mit Kraft- und Koordinationstraining zu beginnen.

Sport wirkt sich auf beinahe jeden Teil des Körpers sowie auf Geist und Seele aus. Sport ist wirklich oft die beste Medizin, und es ist nie zu spät, damit anzufangen. Der Urmensch brauchte sich noch keine Gedanken über Sport zu machen, er bewegte sich ausreichend, indem er Nahrung suchte, kämpfte oder fliehen musste. Energieverschwendung konnte er sich nicht leisten.

Heutzutage gehen die meisten Menschen einer sitzenden Tätigkeit nach, und die Menschen, die körperlich arbeiten, sind meist einseitig belastet. Genetisch gesehen sind wir Läufer und dafür ausgerüstet, uns den ganzen Tag über zu bewegen. Stattdessen haben immer mehr Menschen Übergewicht, zumindest in den zivilisierten Staaten. In früheren Zeiten waren gefüllte Fettspeicher notwendig, um über die karge Zeit des Winters zu kommen, in der dann diese Energiemengen wieder mobilisiert wurden. Heutzutage werden die Fettspeicher nicht mehr geleert, sondern immer weiter aufgefüllt. Dies führt letztendlich zu Diabetes und diversen Gefäßerkrankungen. Durch Sport wird der Abtransport von Fetten zur Leber unterstützt und fettspaltende Enzyme werden aktiviert, der ganze Kreislauf wird in Schwung gebracht. Die Blutfettwerte werden gesenkt, die Ablagerungen in den Gefäßen vermindert, und der Blutdruck sinkt, also sinkt das Risiko für Herz- und Hirninfarkt.

Stress wird durch Sport abgebaut. Hatte der Urmensch Stress, so ist er weggelaufen oder hat gekämpft, er hat sich auf jeden Fall körperlich betätigt und den Stress nicht in sich hineingefressen, sonst hätte er nicht überlebt. Sport setzt eine Vielzahl körperlicher Prozesse in Gang: Das Herz pumpt das Blut schneller in den Körper, so dass dieser besser durchblutet wird, die Körpertemperatur steigt, die unterschiedlichsten Botenstoffe werden im Körper verteilt, krankes Gewebe kann heilen, und neue Zellen wachsen, selbst im Gehirn entstehen neue Nervenbahnen. Sport kann mehr Krankheiten heilen, als den meisten von uns bewusst ist. Zudem dient Sport der Prophylaxe.

Wer Sport treibt, ist weniger anfällig für Verspannungen, durch das richtige Rückentraining wird die Skelettmuskulatur auf beiden Seiten der Wirbelsäule aufgebaut, und es kommt zu weniger Bandscheibenvorfällen. Es entsteht seltener Osteoporose, da die Knochen eine höhere Dichte und Stabilität besitzen. Auch das Gehirn wird mit mehr Energie und Sauerstoff versorgt, wir fühlen uns nach dem Sport wacher und können uns besser konzentrieren. Beim Sport werfen wir gedanklichen Ballast ab und haben danach den Kopf frei für neue Ideen. Es gibt viele Untersuchungen, die belegen, dass durch regelmäßigen Sport das Gedächtnis verbessert wird. Dieser Effekt wird auf einen langsameren Abbau von Dopamin, einem körpereigenen

Stimmungsaufheller, zurückgeführt. Nach neuesten Erkenntnissen ist die Ausschüttung von Dopamin auch mitverantwortlich für das Phänomen des Runner's High, für das Hochgefühl beim Laufen.

Ich rede von einer moderaten Trainingsintensität. Auch Gesunde sollten mit einer niedrigen Trainingsintensität beginnen und sich am besten von einem Trainer beraten lassen. Menschen mit Vorerkrankungen sollten sich zuerst von ihrem Arzt untersuchen lassen, um Herzerkrankungen und andere chronische Leiden auszuschließen. Ein Herz-Kreislauf-Training sollte immer mit einem Krafttraining verbunden werden. Und obwohl es gerade viele Männer anders sehen, die richtige Trainingsintensität zeichnet sich nicht dadurch aus, dass man möglichst viel schwitzt, einen rasenden Puls und ein rotes Gesicht hat und anschließend völlig erschöpft ist. Ganz im Gegenteil, dies schadet dem Körper und ist geradezu kontraproduktiv. Ein wirklich aufbauendes Training läuft bei relativ niedrigem Puls und niedrigen Laktatwerten ab.

2.6 Ernährung

Gerade hochsensible Menschen haben meist schon am eigenen Leib erfahren, dass sich die Ernährung auf das körperliche Wohlbefinden auswirkt, denn sie neigen zu Allergien und Unverträglichkeiten.

Es ist seit Langem bekannt, dass die Ernährung chronische Erkrankungen wie Arthritis, Bluthochdruck, Migräne, Diabetes und vieles mehr stark beeinflusst. Aber auch die seelische Entwicklung ist von der Ernährung abhängig, denn nur nach dem Genuss von leichten Gerichten lässt sich gut meditieren (siehe Kapitel 2.9).

Ernährungsrichtlinien wandeln sich allerdings mit der Zeit, so dass man sich fragen muss, woran man sich eigentlich orientieren soll. Es gibt sehr viele unterschiedliche Diätformen und die entsprechenden Verfechter. Eine gesunde Ernährung ist eine Ernährungsweise, die dem Körper das gibt, was er braucht. Ist man gesund, dann sollte man bei seiner Ernährungsweise bleiben, ist man krank, dann kann es sein, dass man zeitweise von seiner Ernährungsform Abstand nehmen sollte. Gesund sind auf jeden Fall Nahrungsmittel, die möglichst wenig industriell verändert wurden. Auffällig ist, dass Tiere nicht unter Zivilisationskrankheiten lei-

den, sie ernähren sich ihrer Art gemäß. Ein fleischfressendes Tier käme beispielsweise nicht auf den Gedanken, sich auf einmal vegetarisch zu ernähren. Unsere Vorfahren ernährten sich hauptsächlich von Früchten, Blattgemüse, Kräutern, Wildpflanzen, Nüssen und sehr wenig Fleisch, aber nicht von Getreide oder Milch. Getreide macht viele Menschen schnell satt, verwendet man Auszugsmehle, auch schnell krank. Gegen ein wenig Getreide ist absolut nichts einzuwenden, aber die heutige Ernährung besteht zu einem großen Teil aus Getreide und Getreideprodukten, die meist auch noch mit einer Menge künstlicher Zusätze versetzt wurden.

Besser ist es, gekeimtes Getreide zu verwendet, es gibt hervorragendes Brot, das ausschließlich aus gekeimtem Getreide hergestellt wird. Aber auch dieses sollte man nur in kleinen Mengen zu sich nehmen.

Es ist einfach nachzuvollziehen, dass Muttermilch gut für das Baby ist, Kuhmilch gut für das Kalb usw. Es ist jedoch erstaunlich, wie hartnäckig erwachsene Menschen darauf bestehen, weiterhin Milch zu sich zu nehmen. Der Urmensch entwickelte sich vom Sammler zum Jäger, er entdeckte das Feuer und konnte damit besser in Eis und Schnee überleben. Gegen seltene Fleischmahlzeiten ist nichts einzuwenden, sofern das Fleisch von guter Qualität ist, am besten direkt vom Erzeuger und aus artgerechter Tierhaltung.

Ein weiterer Punkt, der uns von der Ernährung in der Tierwelt unterscheidet, ist unsere Kochkultur. Der Mensch ist das einzige Lebewesen, das kocht!

Es gibt viele Untersuchungen, die belegen, dass in erhitzten Lebensmitteln viele Vitamine, Eiweiße, Fette und Enzyme vernichtet werden. Es hat schon seinen Grund, warum speziell grünes, meist nicht gegartes Blattgemüse als Diät bei Krebspatienten empfohlen wird. Schauen Sie sich die Ernährung unserer nächsten Verwandten an, sie essen vor allem grüne Pflanzen. Diese können Sie in Form von Blattsalaten, Brokkoli, Spinat, Mangold, Grünkohl, Kohlrabi, Kräutern, roh und auch erhitzt, zu sich nehmen. Wenn Sie die Möglichkeit haben, Wildkräuter zu sammeln, dann nutzen Sie diese und verzehren Sie Löwenzahn, Brennnesseln oder auch Giersch.

In alten Kochbüchern wird übrigens nur eine Menge von 50 Gramm Kartoffeln pro Person als Beilage angegeben, in unseren heutigen dagegen 130 Gramm, und dies, obwohl wir heute durchschnittlich sehr viel weniger körperliche Arbeit verrichten.

Was gemieden werden sollte, ist Zucker, zu viel Salz, Alkohol und Koffein. Das heißt nicht, dass man auf alles verzichten muss, sondern es heißt, dass man mit dem Verzehr bewusst umgehen sollte. Wenn ich einen großen Appetit auf Schokolade habe, dann ist es sinnvoller, ein Stück zu essen, als mich zu kasteien und darauf zu verzichten, aber eben ein Stück und keine ganze Tafel.

Man braucht keiner Ernährungsweise dogmatisch folgen. Das heißt zusammengefasst, eine gesunde Ernährung kommt mit wenig Fleisch, Getreide, Zucker, Milch und Salz aus, stattdessen sollte man viel Obst, Gemüse, Salate und etwas Nüsse essen. Alles sollte möglichst frisch und naturbelassen sein.

Wird eine solche Kost nicht vertragen, dann liegt dies meist am Zustand des Darmes. In diesem Fall sollten Sie sich zu einem naturheilkundlichen Arzt begeben und eine Darmsanierung anstreben. Dabei wird auch ihre Bakterienflora im Darm untersucht und mit der Gabe der richtigen Präparate wieder in den Normalzustand versetzt. Da ein sehr großer Teil unseres Immunsystems im Darm lokalisiert ist, steigt dadurch auch schnell die Leistungsfähigkeit unseres Immunsystems.

Achten Sie auch auf die Zeitabstände zwischen den Mahlzeiten. Lassen Sie dem Körper Zeit, die ihm zugeführte Nahrung richtig zu verdauen. Dies ist besonders wichtig, wenn Sie sich eben nicht nur durch Obst, Gemüse und Nüsse ernähren. Auch die Reihenfolge der Speisen ist wichtig. In unseren Breiten wird gerne Obst zum Nachtisch gereicht, meist sogar nach einem opulenten Mahl. Obst ist sehr leicht verdaulich und verweilt nur kurze Zeit in Magen und Darm. Wird es nach einer schwer verdaulichen Mahlzeit gegessen, fängt es an zu gären und bereitet schnell Verdauungsprobleme. Obst sollte besser auf nüchternen Magen gegessen werden.

Denken Sie auch daran, richtig zu kauen. Unser Verdauungstrakt ist auf gekautes Essen vorbereitet, deshalb sind auch Obst- und Gemüsesäfte nicht gut für die Verdauung, auch keine Smoothies. Es sei denn, sie werden buchstäblich gekaut und dabei eingespeichelt. Wenn Sie ein Glas Orangensaft trinken, so ist das für den Verdauungstrakt so, als würden Sie ganze Orangen schlucken.

Hochsensible Menschen reagieren sehr empfindlich auf die Ernährung. Mehr auf die eigene Ernährung zu achten, hat mit Verzicht nicht das Geringste zu tun. Am Anfang gibt es vielleicht etwas Schwierigkeiten bei der Umgewöhnung, dies wird aber schnell wettgemacht durch neu gewonnene Energie und einen klaren Kopf. Sie fühlen sich einfach besser und leistungsfähiger. Selbstverständlich kann man immer wieder in die alten Ernährungsgewohnheiten zurückfallen, aber Sie werden immer seltener das Bedürfnis danach verspüren.

Heutzutage leiden immer mehr Menschen unter Nahrungsunverträglichkeiten. Ich meine hier nicht ech-

te Allergien, die IgE-vermittelt und eher selten sind. Diese sind meist an Pollenallergien gekoppelt. Die entsprechenden Beschwerden treten schon kurz nach dem Verzehr auf, so dass die Betroffenen sehr genau wissen, was sie nicht vertragen. Dies lässt sich mit einer Laboruntersuchung untermauern.

Viel häufiger kommen Nahrungsunverträglichkeiten vor, bei denen die Symptome erst Stunden oder Tage nach dem Verzehr auftreten. In Deutschland sollen 30 bis 40 Prozent der Bevölkerung an solchen Unverträglichkeiten leiden. Als Ursache werden nicht nur IgG-Antikörper ausgemacht, sondern auch T-Zell-vermittelte Allergien, Kohlenhydratintoleranzen, Unverträglichkeiten von Milch-, Fruchtzucker oder Zuckerersatzstoffen, auch von Farb- und Zusatzstoffen oder eine Histaminunverträglichkeit durch biogene Amine. Diese Unverträglichkeiten lassen sich alle durch entsprechende Laboruntersuchungen belegen.

Meist liegt die Ursache aber nur an einer gestörten Darmbarrierefunktion. So gelangen Nahrungsmittelbestandteile vermehrt ins Blut und stimulieren dort das Immunsystem, welches Antikörper bildet, die diese unterschiedlichen Unverträglichkeiten herbeiführen. Das heißt, dass zum einen eine Darmsanierung erfolgen sollte, um die natürliche Schutzfunktion der Darmschleimhaut wiederherzustellen, und zum anderen auf eine gesunde Ernährung zu achten ist, da durch diese viel weniger Allergene zugeführt werden, so dass es nicht zu den beschriebenen Unverträglichkeitsreaktionen kommt. Indem man seine Ernährung umstellt, kann man oftmals auf teure Laboruntersuchungen verzichten.

Von diesen Nahrungsunverträglichkeiten ist die Zöliakie zu unterscheiden, eine Glutenunverträglichkeit. Sie äußert sich in einer chronischen Erkrankung der Dünndarmschleimhaut, hervorgerufen durch eine Überempfindlichkeit gegen Bestandteile des in vielen Getreidesorten vorkommenden Klebereiweißes. Diese Unverträglichkeit bleibt lebenslang bestehen, ist zum Teil erblich und kann nicht ursächlich behandelt werden. Durch den Verzehr von glutenhaltigen Nahrungsmitteln kommt es dabei zu einer Entzündung der Dünndarmschleimhaut mit Zerstörung der Darmzotten. Die Symptome können sehr heftig sein. Die Behandlung der Zöliakie besteht derzeit nur in einer glutenfreien Diät. Davon zu unterscheiden ist eine IgG-vermittelte Weizenunverträglichkeit, die im Allgemeinen dosisabhängig ist und bei Vermeidung oder einer Rotationsdiät wieder verschwindet.

Heutzutage ist man sehr schnell mit der Aussage, man leide unter einer Allergie oder Nahrungsunverträglichkeit, und es wird erwartet, dass auf diverse Unpässlichkeiten Rücksicht genommen wird. Viele Menschen leiden unter unterschiedlichen Nahrungsunverträglichkeiten. Würden sie mehr Verantwortung für sich selbst übernehmen, indem sie sich natürlich ernährten, wären viele ihrer Unpässlichkeiten verschwunden und sie fühlten sich energiegeladen und geistig klar.

Es gibt eine Vielzahl von Diätphilosophien wie Blutgruppen-, Glyx-, Low-Carb-, LOGI-, Paleo-Diät oder ayurvedische Ernährung. Zudem kann man sich vegetarisch oder vegan ernähren.

Bei der Blutgruppendiät soll man je nach Blutgruppe entweder Milch, Weizen oder Fleisch meiden. Der Gesundheitszustand verbessert sich schlagartig, da man stattdessen mehr Obst und Gemüse zu sich nimmt – dabei ist es egal, welcher Blutgruppe Sie angehören.

Bei der Glyx-Diät sollen überwiegend Lebensmittel mit einem niedrigen glykämischen Index verzehrt werden. Die Menge an Fett, Proteinen und Kohlenhydraten ist dagegen zweitrangig. Der glykämische Index beschreibt die Blutzuckerreaktion nach dem Essen und damit die Insulinreaktion des Körpers. Lebensmittel mit einem niedrigen glykämischen Index lassen den Blutzuckerspiegel langsamer ansteigen, und die Insulinspitzenwerte bleiben aus. Ähnlich sind auch die Low-Carb- und LOGI-Diät als kohlenhydratarme Ernährung zu verstehen.

Einer gesunden Ernährung am nächsten kommt die Paleo-Diät. Der Begriff Paleo geht auf den Zeitraum des Paläolithikums, der Altsteinzeit, zurück. Die Paleo-Diät orientiert sich an der ursprünglichen Ernährung der Jäger und Sammler und setzt auf unverarbeitete Lebensmittel in Form von Gemüse, Obst, Nüssen, Samen, Fleisch, Fisch, Eiern und gesunden Fetten. Verzichtet wird auf die meisten der verarbeiteten Lebensmittel, wie Getreide, Hülsenfrüchte, Zucker und Milchprodukte. Auch hier werden dementsprechend wenige Kohlenhydrate verzehrt.

Die ayurvedische Ernährung ist sehr empfehlenswert für einen empfindlichen Darm, da weitgehend auf Rohkost verzichtet wird.

Bei vegetarischer oder veganer Ernährung scheiden sich die Geister. Es ist nicht einfach, sich damit wirklich vollwertig zu ernähren und alle notwendigen Vitamine aufzunehmen. Ich bin der Meinung, dass kleine Mengen Fleisch von artgerecht gehaltenen Tieren durchaus vertretbar sind.

2.7 Progressive Muskelentspannung

Bei der progressiven Muskelentspannung (nach Edmund Jacobson) handelt es sich um eine Technik, die durch bewusste An- und Entspannung bestimmter Muskelgruppen für eine Entspannung des ganzen Körpers sorgt.

Wenn Ihr Nervensystem eine Situation als gefährlich einschätzt, wird der Kreislauf beschleunigt, das Herz schlägt schneller, der Blutdruck steigt, und die Muskeln werden angespannt. Dieser Prozess lässt sich durch die progressive Muskelentspannung umkehren, und die Angstgefühle werden durch ein Ruhegefühl ersetzt.

Am besten führen Sie diese Übung im Liegen aus. Atmen Sie tief und ruhig und lassen Sie Ihren Körper locker und angenehm schwer werden. Dann spannen Sie nacheinander jeden einzelnen Muskel Ihres Körpers für etwa 5 Sekunden an, bis Sie ein leichtes Ziehen merken und Ihre Muskulatur richtig spüren. Dann lösen Sie die Spannung wieder und werden sich des Gefühls der Entspannung bewusst. Wiederholen Sie dieses Anspannen und Entspannen, bis Sie das Entspannungsgefühl wirklich verspüren. Beginnen Sie mit einer Hand, gefolgt von Unterarm, Oberarm, Schultern, und kommen Sie dann zum anderen Arm. So können Sie nach und nach Ihren gesamten Körper entspannen, selbst das Gesicht sollte an die Reihe kommen.

Ihre Aufmerksamkeit wird dadurch auf die Empfindung der Spannung und Entspannung gelenkt, und durch diese Körperwahrnehmung kommt es zu einer verminderten Muskelspannung. Mit etwas Übung gelingt es jederzeit, diese muskuläre Entspannung herbeizuführen.

Diese Art der Entspannung wird nicht nur zur Linderung von Muskelschmerzen angewandt, sondern auch bei arterieller Hypertonie, Schlafstörungen, Kopfschmerzen sowie stressbedingten Symptomen.

2.8 Atemtechniken

Atemtechniken bringen schnell mehr Ruhe und Entspannung ins Alltagsleben. So werden sie im Yoga als klassische Entspannungsübungen angewandt.

Auch vor einer Meditation beginnt man im Allgemeinen mit einigen Atemübungen, um schnell zur Ruhe zu kommen.

Sie können allerdings auch einfach beim Spazierengehen damit anfangen, bewusst zu atmen. Achten Sie darauf, wie Sie atmen, wie die Luft in Ihre Lungen strömt und wie tief Sie atmen.

Atmen Sie durch die Nase ein und durch den Mund wieder aus. Dabei wird die Atemluft angewärmt und durch die Nasenschleimhaut gereinigt und befeuchtet, was Ihre Lunge schont.

Versuchen Sie, gleichmäßig und tief bis in den Bauch zu atmen. Fühlen Sie, wie sich das Zwerchfell bewegt und die Lungen sich weiten. Dann achten Sie darauf, dass Sie doppelt so lange zum Ausatmen brauchen wie zum Einatmen. Zählen Sie mit: einatmen (eins, zwei, drei, vier) – ausatmen (eins, zwei, drei, vier, fünf, sechs, sieben, acht). Durch diese Technik stellt sich mit etwas Übung sehr schnell eine tiefe Entspannung ein.

Ähnlich wie bei der progressiven Muskelentspannung können Sie auch hier eine kurze Anspannungsphase einbauen.

Sie atmen langsam ein und spannen dann die Muskeln Ihres Körpers an, um dann für einen kurzen Moment Ihren Atem anzuhalten. Dann atmen Sie aus und entspannen Ihre Muskulatur wieder. Sie können diese Atemtechnik vor einer Meditation praktizieren, oder Sie verbinden eine Visualisierungsübung damit, indem Sie während des Atmens an ein bestimmtes Bild denken, zum Beispiel an einen Strand mit den kommenden und gehenden Wellen des Meeres.

2.9 Mantra-Meditation

Meditation bringt den Verstand zum Schweigen, so dass Sie der inneren Stimme zuhören können. Die Mantra-Meditation gehört zu den bekanntesten Meditationstechniken.

Diese Technik besteht darin, beim Meditieren ein Mantra zu wiederholen und so den Geist zur Ruhe zu bringen. Ein Mantra ist ein Wort, manchmal auch ein Satz, mit einer starken Klangenergie und tiefer spiritueller Bedeutung. So wie Musik durch ihren Klang wirkt, wirken auch Mantras auf uns. Mantras sind Klangenergien des Sanskrit, der ältesten Form der Sprache.

Sorgen Sie dafür, dass Sie nicht gestört werden, und suchen Sie sich einen ruhigen Ort aus. Setzen Sie sich aufrecht in einer stabilen und angenehmen Sitzhaltung hin, und lassen Sie den Atem so fließen, wie er will, ohne ihn zu beeinflussen. Wenn es Ihnen schwerfällt, auf dem Boden zu sitzen, dann setzen Sie sich auf einen Stuhl, auf jeden Fall sollte die Wirbelsäule aufrecht sein.

Sie können einige Minuten einfache Atemübungen machen, um weiter zur Ruhe zu kommen. Versuchen Sie tief aus dem Bauch zu atmen, verlängern Sie dabei die Atmung bewusst. Atmen Sie langsam und regelmäßig ein und aus. Finden Sie einen Atemrhythmus, der Ihnen entspricht.

Wenn Ihre Gedanken abschweifen, sollten Sie immer wieder zum bewussten Atmen zurückkommen. Verwenden Sie „Om“ als Mantra. Nehmen Sie dieses Wort gedanklich auf und wiederholen Sie es in Gedanken langsam. Um zu einem gleichmäßigen Rhythmus zu kommen, können Sie das Mantra beim Ein- und Ausatmen auch gedanklich vor sich hinsprechen. Dabei lassen Sie dieses „Om“ immer feiner und leiser werden, bis es sich nur noch wie eine Schwingung anfühlt. Sie lassen es einfach geschehen, ohne etwas willentlich zu beeinflussen. Es werden dabei Gedanken, Gefühle und Wahrnehmungen auftauchen. Lassen Sie diese einfach vorbeiziehen, wie Wolken am Himmel, ohne ihnen große Bedeutung beizumessen. Wiederholen Sie das Mantra immer wieder.

Es kann sein, dass Sie plötzlich Unruhe verspüren. Wiederholen Sie weiterhin das Mantra und lassen Sie sich möglichst von solchen Gefühlen nicht beeindrucken. Sie gehen vorüber und werden immer seltener wiederkommen.

Auch wenn Sie merken, dass Sie minutenlang irgendwelchen Gedanken nachhingen, kehren Sie einfach ohne Aufregung und Hektik wieder zu Ihrem Mantra zurück. Nehmen Sie das Mantra wieder auf, achten Sie auf ihren ruhigen Atem und spüren Sie die Ruhe, die dadurch entsteht. Lassen Sie alles geschehen. Nach einer Weile wird der Geist von selbst zur Ruhe kommen. Erwarten Sie dies jedoch nicht, sondern akzeptieren Sie, was auch immer passiert.

Mit der Zeit werden Sie immer öfter in einen meditativen Zustand versinken, in dem auch die wörtliche Wiederholung des Mantras wegfällt und der mit spiritueller Freude, Verbundenheit, Weite und einer gesteigerten Bewusstheit einhergeht.

Eine Mantra-Meditation wirkt auf verschiedenen Ebenen. Auf der Ebene des Körpers bewirkt sie tiefe Entspannung und Ausgeglichenheit, reduziert Stress, stärkt das Immunsystem und aktiviert die Selbstheilungskräfte. Die Mantra-Meditation aktiviert die Lebensenergie und beseitigt Energieblockaden.

Man fühlt sich nach der Meditation aufgeladen mit neuer Kraft, freudig und ist innerlich ruhig. Falls gerade in der Anfangszeit zu viele Gedanken auftreten, sollte man sich nicht davon beeindrucken lassen, die Meditation wirkt dennoch und führt schließlich zu mehr Vertrauen, Gelassenheit und Selbstbewusstsein. Am besten, man meditiert regelmäßig zwei Mal am Tag für mindes-

tens 20 Minuten. Versuchen Sie, dies in Ihre tägliche Routine mit einzubauen.

Wenn Sie meinen, dies sei zeitlich für Sie nicht möglich, dann begrenzen Sie die Zeit, meditieren aber dennoch täglich. Sie werden merken, dass Sie durch die regelmäßige Meditation letztendlich mehr Zeit zur Verfügung haben, da Sie anfangen, deutlich effizienter zu handeln.

Gerade für hochsensible Personen, die Zeit für Entspannungspausen benötigen, ist dies von Bedeutung. Darüber hinaus hilft ihnen die Meditation, innere Ruhe, Entspannung und Inspiration zu erfahren.

2.10 Beam

Gedanken und Gefühle sind eine unsichtbare Macht voller Energie und Kraft, die der Mensch ständig aussendet.

Durch Gedanken, Gefühle und Worte wird die Wirklichkeit erschaffen. Diese wird gefärbt durch die Annahmen, Einstellungen und Erfahrungen des einzelnen Menschen. Im Kopf eines jeden Menschen läuft ununterbrochen ein innerer Dialog ab, aus dem Gefühle und Worte entstehen. Die meisten Menschen argumentieren den ganzen Tag innerlich mit sich selbst. Diese innerliche Auseinandersetzung können wir mit einer Meditationstechnik beeinflussen.

Von außen werden wir aber ebenfalls mit Eindrücken konfrontiert, hochsensible Menschen meist im Übermaß. Mit der einfachen, aber wirkungsvollen Beam-Technik können wir uns vor diesen Eindrücken schützen.

Visualisieren Sie dabei ein Schutzschild aus weißem Licht, das von oben kommend um Sie herum fließt, Sie sozusagen in eine Blase einhüllt, und dann in den Boden fließt. Sie müssen die vielen Eindrücke an diesem Schutzschild nicht abprallen lassen, aber Sie können sie bildlich verlangsamen, um sie anzusehen und entscheiden zu können, welche Eindrücke Sie näher an sich herankommen lassen.

Dieser Beam hilft auch sehr gut, wenn man sich innerhalb von großen Menschenmassen bewegt, die wahrgenommenen Eindrücke verringern sich dadurch deutlich.

2.11 Hatha-Yoga-Asanas

Hatha Yoga ist der mehr körperorientierte Teil des Yoga. „Ha" heißt „Sonne" und „Tha" heißt „Mond", es dreht sich hierbei um die Harmonisierung der beiden Grundenergien in unserem System, der aktivierenden, wärmenden Sonne und der kühlenden Energie des Mondes. Im Hatha Yoga wird der Mensch als Ganzes betrachtet, nicht nur als physischer Körper. Die Hauptpraktiken des Hatha Yoga sind Asanas, also Yogastellungen, Atem- und Meditationsübungen. Viele Menschen, die heutzutage zum Yoga gehen, sind anfangs nicht an der spirituellen Seite interessiert. Regelmäßige Übung der Hatha-Yoga-Asanas führt jedoch oftmals zu einer Öffnung. Asanas sind spezielle Körperstellungen, bei denen es auf die korrekte praktische Durchführung ankommt. Sie können wertvolle Dienste leisten, gerade bei Menschen, die ständig unter großen körperlichen Belastungen arbeiten. Schon am Stand eines Menschen kann man ablesen, wie er sich fühlt, ob er fest und sicher oder wenig ausbalanciert im Leben steht. Auch der Gang eines Menschen drückt sehr viel über ihn aus. Gerade hochsensible Personen nehmen diese Anzeichen intuitiv bei anderen wahr.

Yoga-Asanas stärken den Menschen sowohl körperlich als auch geistig. Sie aktivieren zudem seine Selbstheilungskräfte. Die Yogapraxis wird individuell an den Menschen angepasst, je nach Alter, Gesundheitszustand und Lebenssituation. Nach einem ausführlichen Erstgespräch mit Ihrem Yogalehrer wird ein individuelles Programm für Sie zusammengestellt, das Sie dann zu Hause regelmäßig durchführen können. Diese vielfältigen Übungen bieten eine ausgezeichnete Möglichkeit, Ruhe und Klarheit zu finden. Sie nehmen die Beziehung zu sich selbst und zu Ihrer Umwelt deutlicher wahr, reflektieren Ihre Verhaltensweisen besser und können immer mehr Lebensfragen selbst beantworten. Yoga-Asanas sind effektiv, weil sie Atmung, Zentrierung und Erdung kombinieren – ein wundervoller Weg, um zu einer höheren Bewusstseinsebene zu gelangen.

Ich habe im Alter von 12 Jahren mit Hatha Yoga begonnen, weil mir zufällig ein Buch in die Hände fiel. Ich kann nur bestätigen, wie gut sich Yoga-Asanas auf das Körpergefühl auswirken. Ich hatte zu diesem Zeitpunkt diverse körperliche Beschwerden, war schon im Alter von 10 Jahren in der Rückenschule und nahm auch aufgrund meiner fehlenden Koordinationsfähigkeit kaum mehr am Sportunterricht teil. Durch die regelmäßigen Übungen erlangte ich auch mehr Selbstbewusstsein und die geistige Offenheit, ein paar Jahre später mit intensiver Meditationspraxis zu beginnen.

2.12 Audiovisuelle Stimulation

Ungefähr 150 Jahre nach Christus beobachtete *Ptolemäus* schon die unglaublichen kaleidoskopischen Erscheinungen, die sich in aller Farbenpracht vor den Augen abspielen, wenn man ein Spinnrad zwischen sich und dem natürlichen Sonnenlicht dreht. Aus der fernöstlichen Geschichte weiß man, dass Mönche Kämme rhythmisch vor der Sonne hin- und herbewegten, um von der Stimulation des Spektrallichtes zu profitieren.

Bereits im 17. Jahrhundert studierte der Belgier *Plateau* die diagnostische Wichtigkeit dieser Flackerlichtphänomene, indem er weißes Licht und eine Stroboskopscheibe verwendete. Um 1900 setzte der Psychologe *Pierre Janet* bei seinen Patienten, die an Hysterie litten, weißes flackerndes Licht mittels einer Stroboskopscheibe ein. Bei diesen Patienten bemerkte er eine beruhigende und entspannende Wirkung.

Ende der 1940er Jahre, etwa zur gleicher Zeit als das EEG entwickelt wurde, entstand das elektronische Stroboskop. Dies war eine große technologische Verbesserung der Methode, flackerndes weißes Licht zu produzieren. Diese Methode ist die fundamentale Basis des modernen Kamerablitzlichtes.

Zwischen 1940 und 1950 führten die Ärzte *Dr. Grey Walter*, *Dewes* und *Shipton* an tausenden Probanden EEG-Beobachtungen durch, während diese flackerndem weißen Licht ausgesetzt waren. Ihre Forschungsergebnisse wurden im britischen Wissenschaftsmagazin „Nature" im Jahre 1955 veröffentlicht. Alle Teilnehmer berichteten über ein intensives Erleben von Farben, Mustern und Bewegungen, wenngleich die Beschreibungen unterschiedlich waren.

Im EEG lassen sich unterschiedliche Bewusstseinszustände des Gehirns messen: Der Alpha-Zustand ist ein entspannter, ausgeglichener Zustand, der beim Schließen der Augen entsteht. Er erleichtert Konzentration und Merkfähigkeit sowie ein integriertes Körper-Geist-Gefühl. Der Beta-Zustand stellt einen Zustand von hoher Achtsamkeit bis hin zu Nervosität und Unruhe dar. Der Theta-Zustand ist ein meditativer, tief entspannter Bewusstseinszustand, charakteristisch für bestimmte Schlafphasen. In ihm kann es zu gesteigerter Kreativität und ungewöhnlichen Problemlösungen kommen. Der Delta-Zustand ist ein nur selten wahrnehmbarer unbewusster Zustand. Er stellt sich hauptsächlich im Tiefschlaf, in Trance und Tiefenhypnose ein und ist wichtig für Heilung und Selbstregulation.

Das Multicolor Lichtsystem (www.mindworld.de) ist ein digitales audio-visuelles Entspannungssystem, das harmonisierend auf Körper, Geist und Seele wirkt. Die Programme verbinden Rhythmus, Töne und musikalische Effekte sowie kaleidoskopartige Lichtstimulation, wodurch Entspannung und Stimmungswechsel herbeigeführt werden.

Die Wirkung reicht von Energetisierung über Aktivierung bis hin zu schlafinduzierten Bereichen. Es gibt eine Vielzahl unterschiedlicher Programme in unterschiedlicher Länge.

Ich selbst verwende das Gerät seit 16 Jahren und halte es für besonders geeignet für Menschen, denen das Erlernen von Meditationstechniken zu mühsam erscheint. Durch die Töne und Lichteffekte werden die Gehirnfrequenzen schnell in die gewünschte Richtung verändert. Für Meditationsgeübte bietet dieses Gerät eine angenehme Abwechslung.

Für Epileptiker ist es allerdings nicht zu empfehlen, da die Lichteffekte bei ihnen möglicherweise epileptische Anfälle auslösen können.

2.13 Kontemplation

Kontemplation bedeutet wortwörtlich „Beschaulichkeit“ oder auch „beschauliche Betrachtung.“ Damit wird ein besonderer Empfindungszustand bzw. eine Bewusstseinserweiterung angestrebt.

Man verwendet den Begriff auch häufig im Zusammenhang mit der Betrachtung von Natur oder Gegenständen.

Kontemplation ist durch die damit verbundene Konzentration durchaus mit einer gewissen Anspannung verbunden. Die gängigste Verwendung in der religiösen Auffassung ist die geistige Versenkung in Gott oder in göttliche Werke.

Kontemplation als mystischer Weg der christlichen Tradition kann tiefgehende Erfahrungen bewirken. Es geht dabei um eine Seinserfahrung, die das Rationale, Personale und letztendlich auch das Konfessionelle übersteigt.

Die Versenkung erfolgt im Sitzen in der Stille, wie auch bei der Meditation. Kontemplation ist nicht über das Denken zu erzielen. Für Christen beinhaltet Kon-

templation eine Form des stillen Gebetes und ist begleitet von Hingabe und Liebe. Kontemplation führt weg von den Zerstreuungen des Lebens, hin zu mehr Aufmerksamkeit und Achtsamkeit gegenüber den Mitmenschen und der Schöpfung. Dadurch wird schließlich ein erfüllteres Leben im Hier und Jetzt ermöglicht.

Durch Kontemplation lernen wir, die Dinge so zu sehen, wie sie sind, und sie so sein zu lassen, ohne einzugreifen.

Es gibt das kontemplative Sitzen in Stille, das Gehen oder das Stehen und Lauschen. Ob im Raum allein mit sich oder in einer Gruppe, es geht darum, es bei sich auszuhalten, einfach da zu sein. Gerade Hochsensible können dadurch zu sich selbst finden und fühlen sich dann auch in der Gruppe besser aufgehoben.

2.14 Visualisierung

Die Visualisierung ist eine Form der Meditation, in der ein Versenkungszustand durch Konzentration auf bestimmte Vorstellungsbilder erreicht wird.

Auch im autogenen Training werden Formen, Farben und Landschaften imaginiert. Das Mentaltraining, wie es oftmals von Sportlern ausgeübt wird, ist ebenfalls eine Visualisierungstechnik, mit der man zum Beispiel Bewegungsabläufe optimieren und die Leistungsbereitschaft erhöhen kann.

In östlichen Lehren werden oftmals Buddha-Gestalten oder Mandalas zur Visualisierung verwendet, um so die Konzentrationsfähigkeit des Übenden zu fördern.

Die Visualisierung trainiert unser Vorstellungsvermögen und kontrolliert unsere Gedanken. Das Visualisieren ist letztendlich ein Gedankenprozess, bei dem versucht wird, detaillierte Bilder im Gehirn zu erzeugen.

Das Üben dieser Visualisierung soll mit allen Sinnen erfolgen. Man stellt sich einen Gegenstand nicht nur vor, sondern empfindet dabei auch seinen Geruch, seinen Geschmack und die Beschaffenheit seiner Ober-

fläche. Der Vorgang ist dem der Meditation sehr ähnlich. Wir versenken uns allerdings nicht mithilfe eines Mantras, sondern stellen uns vor unserem inneren Auge, wie auf einer Leinwand, ein Bild vor.

Für viele Menschen ist es am leichtesten, sich eine Landschaft vorzustellen, in der man sich gerne aufhält, zum Beispiel eine Meeresküste mit Palmen, Wellen und Sonne. Indem wir andere Gedanken beiseiteschieben und uns in dieses Bild hineinbegeben, spüren wir mit der Zeit die Sonne auf unserer Haut, hören das Wasser rauschen und sehen, wie sich die Wellen am Strand brechen.

Wir fühlen uns entspannt und fern von aktuellen Eindrücken. Dadurch gewinnen wir auch nach der Visualisierung einen größeren Abstand zu den Dingen und können vieles aus einem anderen Blickwinkel betrachten. Der Alltag wird relativiert. Hochsensible finden so zu Ruhe und Gelassenheit.

2.15 Achtsamkeitstraining

Achtsamkeit bedeutet, sich auf den Moment einzulassen – ohne zu werten, ohne Termindruck, ohne nachzudenken. Man kann lernen, die Dinge so sein zu lassen, wie sie sind: anhalten, atmen, bemerken – und loslassen.

Achtsamkeit ist eine Methode, die unseren Geist und unser Bewusstsein schult. Wir gehen dabei aufmerksam mit unseren Gedanken, Gefühlen sowie unserem Körper um und erzielen damit eine größere Gelassenheit. Das Leben erhält dadurch eine ganz neue Intensität. Das Achtsamkeitstraining führt uns weg aus der Hektik des Alltags, aus der täglichen Zerstreutheit und bringt uns dazu, im Augenblick zu leben, hinzuhören und hinzuschauen. Achtsamkeit bedeutet ein ruhiges und gelassenes Wahrnehmen unserer Umgebung, aber auch unserer Gedanken und Gefühle. Achtsamkeitstraining kann zwar Meditation nicht ersetzen, aber trotzdem im Alltag sehr weiterhelfen. Letztendlich geht es um eine bessere, achtsame Wahrnehmung, um die genaue Wahrnehmung der Sinne. Was essen wir, was schmecken wir genau, welche Textur hat das Nahrungsmittel, welchen Geschmack, wie verändert sich der Bissen beim kauen – oder wie fühlt sich der Wind auf unserer Haut an? Dadurch, dass wir unsere Sinne auf eine ganz bestimmte Wahrnehmung fokussieren, blenden wir viele andere Reize aus. Der Hochsensible lernt dadurch schnell, Stress zu reduzieren.

Resümee

Vermeiden Sie Stress.

Werden Sie körperlich aktiv, um Stress auszugleichen.

Tragen Sie Sorge für einen geregelten Tagesablauf und ausreichenden Schlaf.

Unterstützen Sie Präventionsmethoden und Heilungsmöglichkeiten durch Meditation und/oder Hypnose.

Nehmen Sie sich Zeit für ein Entspannungstraining. Probieren Sie unterschiedliche Methoden aus und entscheiden Sie sich für eine, die Ihnen liegt. Praktizieren Sie diese wirklich regelmäßig.

3. *Kapitel*

Im Alltag Ruhe finden

Ein hochsensibler Mensch mit seinen feinen Antennen sollte besonders darauf achten, dass er sich möglichst selten Situationen aussetzt, die zu einer Reizüberflutung führen. Er sollte nicht nur genügend Ruhepausen einlegen, sondern auch ein Augenmerk darauf haben, wie er diese gestaltet. Hier kommt es mehr auf die Qualität als auf die Quantität an. Damit man nicht zu vielen Reizen ausgesetzt wird, ist auch zu berücksichtigen, wo man wohnt, wie man sich einrichtet oder wie man mit seinen Bekannten umgeht. Dies alles sind Faktoren, die stark auf das Seelenleben einwirken – auf das eines Hochsensiblen bedeutend mehr als auf das eines weniger empfindsamen Menschen. Eine hochsensible Person sollte bewusst mit ihrer Zeit umgehen und genügend auf ihr eigenes Wohlbefinden achten.

3.1 Natur

- *Ziehen Sie Kraft aus der Natur?*
- *Gehen Sie gerne spazieren?*
- *Lieben Sie grüne, raschelnde Wälder?*

Vergessen Sie die Zeit, wenn Sie in der freien Natur sind?

Gibt Ihnen frische Luft das Gefühl von Freiheit?

Können Sie sich über eine kleine Blume oder über einen unscheinbaren Schmetterling freuen?

Natur ist für mich absolut notwendig, um Ruhe und Stille zu erleben und Kraft zu tanken. Dazu reicht mir kein Großstadtpark aus, dazu möchte ich mich am liebsten in großen Naturschutzgebieten, möglichst weit entfernt von der Zivilisation aufhalten.

Ich habe fast immer auf dem Land gelebt, meist in kleinen Dörfern, umgeben von Wiesen und Wäldern. Ich konnte schon als Kind nicht genug davon bekommen, mich alleine draußen aufzuhalten, um den Käfern und Schmetterlingen zuzusehen oder eine Katze zu beobachten, die am Flussufer saß. Wenn es meine Zeit erlaubt, bin ich in der freien Natur, egal ob ich zu Hause durch die Wälder streife oder in der Mittagspause bei meiner Außendienstarbeit irgendwo Station mache und

fremdes Gebiet erkunde. Wanderschuhe und Wetterjacke sind immer im Kofferraum dabei.

Wie groß der Stress auch sein mag, hinaus in die freie, wohltuende Natur, sich Wind und Wetter um die Nase wehen lassen, den Vögeln hinterherblicken, Nebel aus Moorgebieten aufsteigen sehen, was kann es Schöneres geben.

Wenn ich mit meinem Hund unterwegs bin, kann ich viele Tiere beobachten, da der Hund sie früher bemerkt als der Mensch und dies anzeigt.

Oder ich bin mit einem Pferd unterwegs und habe dadurch einen wesentlich größeren Bewegungsradius. Ich kenne Strecken, auf denen ich kilometerlang durch den Wald galoppieren kann, ohne einem Menschen zu begegnen. Ich höre dabei nur das Atmen des Pferdes und das Zwitschern der Vögel und werde buchstäblich eins mit der Natur.

Habe ich gerade besonders viel Stress, dann nützt es auch, mich auszupowern und zu joggen. Durch die körperliche Anstrengung fällt der Stress buchstäblich von mir ab, und schnell finde ich wieder zu mir selbst. Das Fahrrad sei übrigens auch nicht vergessen, ich wohne in einem Gebiet mit vielen Flüssen, Bächen, Teichen und Seen und kann stundenlang an diesen Gewässern entlangfahren und an einsamen Stationen rasten oder auch in einem kleinen Dorf in einer ländlichen Gaststätte.

Ich bin in Süddeutschland aufgewachsen, in Bayern und Baden-Württemberg, bin aber beruflich in ganz Deutschland unterwegs gewesen und habe erstaunt festgestellt, dass es überall einzigartig schöne Gegenden gibt.

Vor nicht allzu langer Zeit habe ich zwei Jahre im Nordosten von Deutschland gewohnt, in der Prignitz, dort wo Niedersachsen, Mecklenburg-Vorpommern, Sachsen-Anhalt und Brandenburg aufeinandertreffen. Die Mecklenburgische Seenplatte, natürlich auch die Ostsee, ist gerade für einen Süddeutschen wirklich ein Erlebnis.

Die meiste Zeit habe ich allerdings an der Elbe verbracht. Ich bin stundenlang in den Elbauen und am Ufer der Elbe entlanggelaufen und habe die unvorstellbar vielen Vögel beobachtet – Gänse, Kraniche, Singschwäne und Nebelkrähen. Nebelkrähen gibt es im Süden von Deutschland nicht. Ab und zu waren ein paar verschlafene Häuser zu sehen, sonst nichts.

Als ich das erste Mal in British Columbia, Kanada, war und im März auf einem zugefrorenen See stand, hörte ich nichts, gar nichts – nicht einmal einen Vogel und schon gar kein Zivilisationsgeräusch. Da habe ich

erst einmal gemerkt, dass ich in Deutschland so gut wie immer irgendein Zivilisationsgeräusch höre, auch wenn es ganz entfernt ist: ein Flugzeug, ein Traktor oder ein Auto.

Im Norden Kanadas, weg von der Zivilisation, ist die Wildnis wesentlich ausgeprägter als bei uns, und man kann Bären, Wölfe, Wapitis, Elche und so manch anderes Getier beobachten, das bei uns nicht mehr heimisch ist.

In der Zwischenzeit hat sich in Deutschland der Naturschutz weiterentwickelt, es gibt wesentlich mehr Naturschutzgebiete als noch vor ein paar Jahrzehnten, und der Biber hat Deutschland zurückerobert. Wölfe und Elche wandern aus Osteuropa ein, und nicht nur in der Prignitz gibt es schon viele Waschbären und Marderhunde, die allerdings auch jede Menge Ärger verursachen. Inzwischen wohnen Biber und Fischotter buchstäblich vor meiner Haustür.

Wer Gartenarbeit liebt, kann sich hierbei sehr gut entspannen. Auch in die Gartenarbeit kann man sich buchstäblich versenken und dadurch zu sich selbst zurückfinden. Man kommt damit der Natur sehr nahe und kann den Lebenszyklus der Pflanzen verfolgen und bewundern. Man lebt bewusst mit den Jahreszeiten und beschäftigt sich meist nicht nur mit den Blumen und

Bäumen im Garten, sondern auch mit den Lebenszyklen von Regenwürmern und Blattläusen.

Resümee

Lassen Sie Muße zu. Lassen Sie die Natur auf sich wirken, egal ob durch körperliche Betätigung oder indem Sie sich in den Liegestuhl legen.

Beachten Sie die Jahreszeiten. Nehmen Sie die Pflanzen und Tiere und ihre Lebenszyklen wahr.

3.2 Stadt

- ***Fühlen Sie sich in der Stadt reizüberflutet?***

- ***Stört Sie der viele Verkehr?***

- ***Fühlen Sie sich unwohl inmitten vieler Fußgänger?***

- ***Erschreckt Sie der Anblick großer Menschenmassen?***

- ***Fühlen Sie sich gestört, wenn öffentliche Grünflächen von Menschen bevölkert werden?***

- ***Machen Sie sich Gedanken darüber, wie Menschen in Häuserblocks wohnen und leben, in denen die Einwohnerzahl eines ganzen Dorfes Platz hat?***

Für mich ist es unvorstellbar, wie Menschen in einer Stadt wohnen können und wollen. Das ist für mich Reizüberflutung pur, auch außerhalb der Rushhour. Menschen, Menschen, Menschen, wohin man blickt. Menschen hetzen auf dem Weg zur Arbeit, zum Einkaufen oder zum Freizeitvergnügen. Selbst in den Parks, zum Beispiel im Sommer im Englischen Garten in München, befinden sich hunderte, wahrscheinlich eher tausende von Menschen auf den Grünflächen, lachend, spielend, lesend.

Ich wundere mich auch immer wieder, wie viele Restaurants, Kneipen und Bars es in den Städten gibt, die allabendlich überfüllt sind. In den meisten Restaurants herrscht eine Lautstärke, die für mich ein entspanntes Genießen des Essens unmöglich macht.

Im Rahmen meiner Außendiensttätigkeit habe ich oft in Hotels übernachtet, natürlich auch in Großstädten. Sofern es sich einrichten ließ, übernachtete ich allerdings außerhalb der Stadt in hübschen, mittelgroßen Landhotels. Dort hat man meist die Gelegenheit, sich nach getaner Arbeit noch in der freien Natur zu entspannen.

Wenn ich Fortbildungen besuchte, wohnte ich meist in den veranstaltenden großen und noblen Hotels. Der nicht zu verachtende Vorteil dieser Hotels ist der

Plüsch und Samt im Foyer, der den Lärm auf ein erträgliches Maß dämpft. In diesen Hotels, die über mehrere hundert Zimmer verfügen, wandert man lange über die mit Teppich ausgelegten Flure bis man endlich vor seiner Zimmertür steht. Trotz der vielen Leute im Hotel fühlt man sich sehr anonym, und je nach Bauart des Hotels sind die Geräusche aus den Nachbarzimmern so gering, dass man glaubt, fast alleine zu sein, bis man am nächsten Tag den Frühstücksraum betritt.

Ich übernachtete zum Teil in Businesshotels der mittleren Kategorie, mit guten Lärmschutzfenstern, die nahezu jegliches Geräusch ausschlossen. Ich saß dann oftmals freudestrahlend am großen Schreibtisch vor dem Fenster und schaute der Hektik draußen zu, ohne auch nur einen Laut zu hören. Das ist, als würde man sich einen Film ohne Ton anschauen. Ich finde das wirklich erholsam.

Der Verkehr in der Großstadt wirkt auf viele chaotisch. Unbekannte Straßen und Fahrspuren, eine Vielzahl an Ampeln und hupende Autos können nicht nur eine hochsensible Person total überfordern.

Aber auch diese Herausforderung lässt sich bewältigen. Meist gestaltet es sich einfacher, wenn man alleine fährt. Ein Beifahrer, der versucht, weise Ratschläge zu geben, verschlimmert die Situation nur noch. Das

Wichtigste ist, Gelassenheit und Ruhe zu bewahren, durchzuatmen und im Zweifelsfall einfach mit dem Verkehrsfluss mitzufahren, auch wenn einen das Navigationssystem abbiegen lassen will.

Bevor ich mich und andere durch einen zu späten Fahrspurwechsel in eine gefährliche Situation bringe, fahre ich lieber eine Schleife, das Navigationsgerät berechnet neu, und ich versuche es noch einmal

Rote Ampeln eignen sich hervorragend dafür, tief durchzuatmen und einen kurzen Blick auf die Umgebung zu werfen, um wenigstens ein wenig von der Schönheit dieser Stadt zu erblicken.

Eine fremde Stadt vermittelt eine Vielzahl neuer Eindrücke, über die man sich freuen und die man sich zu einem ruhigeren Zeitpunkt nochmals durch den Kopf gehen lassen kann.

Und lassen Sie sich nicht durch hupende Einheimische aus der Ruhe bringen: Nach jahrzehntelanger Außendiensttätigkeit hatte ich viel in Berlin zu tun. Wer hätte gedacht, dass es dort gesonderte Fahrspuren für Busse und Taxis gibt, keine Ahnung, ob es das auch noch in einer anderen deutschen Stadt gibt. Nur einem Externen kann es passieren, dass er diese Fahrspuren benutzt, natürlich auch noch, um anschließend wieder auf eine andere, befahrene Spur wechseln zu wollen.

Entrüstetes Hupen begleitet solches Tun, wodurch man schnell merkt, dass dies hier nicht üblich, natürlich nicht einmal erlaubt ist. Aber auch in einer solchen Situation muss man sich nicht aufregen, das kann jedem einmal passieren, ein Schulterzucken verbunden mit einem freundlichen Lächeln und schon ist wieder alles gut.

Und wenn Sie ein anderes Mal selbst in der Situation des einheimischen Fahrers sind, verkneifen Sie sich das Hupen und denken Sie daran, dass dies auch Ihnen passieren kann. Ob hochsensibel oder nicht, jeder Mensch schätzt Rücksichtnahme und Nachsicht.

Nach einiger Zeit habe ich meine Tätigkeit in Berlin sehr genossen. Ich hatte ein sehr ruhiges Stammhotel in Wilmersdorf, gelegen in einer Parallelstraße zum Kurfürstendamm und war nach der Arbeit häufig zu Fuß unterwegs.

Ich erinnere mich gerne an die vielen Weihnachtsmärkte, die ich dort besucht habe, und an interessante Gespräche mit den Standbetreibern.

Im Sommer liebte ich es, ein Zimmer mit Balkon zu haben, nicht in Richtung der grauen Hinterhöfe, sondern nach vorne zur Straßenseite hinaus. Dort saß ich gerne in der Sonne und schaute einfach den vorbeilaufenden Leuten zu. Es ist hochinteressant, wie viele

Eindrücke man aufnehmen kann, indem man die Menschen nur anschaut und ihre Ausstrahlung auf sich wirken lässt.

Resümee

Achten Sie auf ausreichende Ruhepausen. Auch in der Stadt gibt es ruhige Ecken.

Vermeiden Sie die Rushhour.

Laufen Sie in der Stadt nicht in der Mitte des Fußgängerweges, sondern am Rand. Benutzen Sie auch kleinere Nebenstraßen.

Nehmen Sie bewusst Bäume und Gärten wahr.

Setzen Sie sich in ein Straßencafé und schauen Sie den Spaziergängern zu.

3.3 Sinnesreize

- ***Fühlen Sie sich durch starke Sinneseindrücke (Riechen, Schmecken, Hören, Sehen, Fühlen) leicht überwältigt?***

- ***Haben Sie eine feine Wahrnehmung für unterschwellige Reize in Ihrer Umgebung?***

- ***Sind Sie schmerzempfindlicher als andere Menschen?***

- ***Fühlen Sie sich leicht überwältigt von intensiven Reizen wie hellem Licht, starken Gerüchen, grober Kleidung und Lärm?***

- ***Werden Sie durch gewalttätige Filme oder Fernsehsendungen stark aufgewühlt?***

- ***Haben Sie Einschlaf- oder Durchschlafstörungen?***

Hochsensible Personen nehmen Reize, egal welcher Art, einfach stärker wahr als andere Menschen. Das kann bei den unterschiedlichen Sinnen – Riechen, Schmecken, Hören, Sehen, Fühlen – durchaus verschieden ausgeprägt sein.

Meine Berührungssensibilität ist zum Beispiel besonders hoch. Ich mag es absolut nicht, massiert zu werden. Auch Massageschuhe, Massagehandschuhe und Bürsten empfinde ich als unangenehm.

Eine ruhig aufgelegte Hand ist mir sehr sympathisch, aber wiederholtes Streicheln wird mir schnell zu viel, ich fühle mich überreizt, und mein Adrenalinspiegel steigt.

Ich bin auch äußerst lärmempfindlich und habe einen extrem leichten Schlaf. Verkehrslärm hält mich auf jeden Fall wach, lautes Atmen eines Partners, der neben mir liegt, ebenso, und das Ticken eines Weckers macht mich wahnsinnig. Selbst die Leuchtziffern eines Weckers stören mich im Schlaf.

Ich kam mir auch schon im wahrsten Sinne wie die Prinzessin auf der Erbse vor. Im Alter von ca. 30 Jahren hatte ich starke Rückenschmerzen, obwohl ich viel Sport und Yoga machte. Morgens wachte ich völlig erschlagen auf, und mich schmerzten Muskulatur und Gelenke, also musste eine neue, hochwertige Matratze her. Es wurde nicht besser. Zu diesem Zeitpunkt hatte ich Bekannte mit einem Einrichtungsgeschäft, die mir anboten, diverse Matratzen zum Probeliegen vorbeizubringen. Also probierte ich Matratzen von mittlerer bis hin zur höchsten Preisklasse aus. Am unbequemsten waren für mich Federkernmatratzen. Daraufhin bekam ich spezielle Taschenfederkernmatratzen, die sündhaft teuer waren. Der Besitzer des Einrichtungshauses wollte mir nicht glauben, als ich berichtete, dass ich das Gefühl hätte, jede Feder einzeln zu spüren. Auf jeder einfachen Matratze aus PU-Schaum schlief ich besser.

Abhilfe brachte allerdings erst ein Wasserbett, ich fühlte mich damit wie neugeboren, nichts schmerzte mehr, und ich wachte morgens frisch und munter auf.

Auch die Wahrnehmung von Gerüchen ist bei mir sehr stark ausgeprägt. Meine Nachbarin, die ein Stockwerk tiefer wohnte, liebte es, sich stark zu parfümieren. Meine ganze Wohnung, immerhin ein Stockwerk höher gelegen, roch nach ihrem Parfüm, leider hatte sie eine völlig andere Geruchsvorliebe als ich. Sie hatte einen Freund, der es mochte, sich ebenso stark zu parfümieren. Dann konkurrierten diese Düfte miteinander, und ich hatte den Eindruck, dass keiner der beiden dies bemerkte. Nahm ich einen von beiden bei der Begrüßung leicht in den Arm, dann roch ich stundenlang nach dessen Parfüm und nach einer außergewöhnlichen Mischung, wenn ich beide begrüßt hatte. Diese starke Wahrnehmung von Gerüchen kann, gerade in Städten, manchmal recht unangenehm sein.

Ich war dienstlich sehr häufig in der Fußgängerzone von München unterwegs und habe dort stets besonders viele Gerüche wahrgenommen. Aus jedem Geschäft drangen andere, ich fühlte mich manchmal buchstäblich in einen Urlaub versetzt. Zum Teil waren die Gerüche aber auch sehr unangenehm und aufdringlich, gerade was Parfüm anbelangt. Es roch für mich oftmals so, als ob nahezu jede Person in Parfüm gebadet hätte. Sitze ich in einem offenen Cabrio und fahre durch die Natur, kann dies wunderbare Erfahrungen geben, wenn ich an der einen Ecke den Duft von frischen Brötchen rieche und an der nächsten die Rosenbüsche eines Vorgartens. Selbst das Tanken kann mich sofort in Urlaubslaune versetzen, wenn ich im Hochsommer bei über 30 Grad Außentemperatur aus einem Auto mit Klimaanlage aussteige und mir diese schwülwarme Wand, gepaart mit Benzingeruch, entgegenkommt – sie erinnert mich stets an meinen ersten Urlaub in Italien.

Diese niedrigen Reizschwellen bei hochsensiblen Personen sind schon im Kindesalter ausgeprägt, und so manche Mutter wundert sich über die Beschwerden ihres Kindes, wenn es um kratzende Pullover, Nähte oder Etiketten geht. Das hochreagible Nervensystem

schlägt Alarm, dementsprechend schnell wird das Kind als empfindlich eingestuft. Auch im Erwachsenenalter werden hochsensible Personen aus Unwissenheit oftmals als zickig und überempfindlich bezeichnet. Dabei haben sie einfach ein sensibles Nervensystem und hohe Empathie, sind einfühlsam und warmherzig. Sie nehmen zum Beispiel mehr Farbabstufungen und Zwischentöne wahr und komponieren ihre Kleidung farblich ausgeprägt harmonisch.

Bemerkenswert ist diese feine Wahrnehmung auch bei der Luftqualität. Ich erinnere mich, dass ich früher bei meiner Arbeit in München immer sehr schnell unter Kopfschmerzen litt, ich roch die kommenden Kopfschmerzen buchstäblich. Ich nahm auch oftmals eine Ozonwarnung vorweg, obwohl Ozon in geringer Konzentration völlig geruchlos ist.

Es ist sehr wahrscheinlich, dass viele Synästhetiker hochsensibel sind. Synästhesie ist eine ganz besondere Form der Wahrnehmung. Wenn Menschen etwas lesen, nehmen die meisten mit ihrem Sehsinn die Buchstaben in Schwarz-Weiß wahr. Gesprochene Worte werden über den Gehörsinn erfasst. Allerdings gibt es auch Menschen, die diese äußeren Reize nicht nur über einen ihrer Sinne erfahren. Die meisten Synästhetiker sehen Worte und Zahlen in Farbe. Es findet sozusagen eine Vermischung der Sinne statt. Dies ist keine Einbildung,

die Forschung hat gezeigt, dass es sich vielmehr um eine Fähigkeit handelt.

Hochsensible sollten sich rechtzeitig Freiräume verschaffen, um nicht durch Reize überflutet zu werden. Diverse Gehirnregionen des Hochsensiblen reagieren einfach stärker auf äußere Reize, als dies bei anderen Menschen der Fall ist.

Resümee

Nehmen Sie bei einem Spaziergang Gerüche bewusst wahr, egal ob in der Natur oder in der Stadt.

Setzen Sie Duftstoffe nur gezielt und in geringer Dosierung ein.

Verwenden Sie Waschmittel ohne Duftstoffe.

Tragen Sie schmeichelnde, weiche Stoffe.

Fokussieren Sie Ihren Blick und nehmen Sie Ihre Umgebung bewusst wahr.

3.4 Drogen

Fühlen Sie sich schnell überreizt?

Reagieren Sie besonders empfindlich auf Koffein und andere Reizstoffe?

Greifen Sie manchmal zu Alkohol, um Gesellschaft besser zu ertragen?

Ich denke nicht, dass hochsensible Personen zu Drogen greifen, die die Wahrnehmung verfeinern. Da sie schon unter Reizüberflutung leiden, scheuen sie sich, dies noch zu verstärken. Der mögliche Kontrollverlust beim Konsum von Drogen macht ihnen Angst oder erzeugt gar Panik. Die meisten hochsensiblen Personen zeigen eine starke Reaktion auf Koffein und sollten in anstrengenden Situationen, wie bei Prüfungen, am besten darauf verzichten.

Um die überschäumenden Eindrücke zu dämpfen, neigen Hochsensible manchmal dazu, Alkohol zu konsumieren, zumindest solange sie keine anderen Techniken gelernt haben, mit denen sie den Umgang mit diesen vielen Eindrücken unter Kontrolle bringen können. Durch Alkohol wird die Reizschwelle bei jedem Men-

schen erhöht, und manch hochsensible Person fühlt sich nur unter Alkoholeinfluss in der Lage, an größeren Gesellschaften teilzunehmen.

Auch ohne Drogen träumen Hochsensible oftmals bunt und erlebnisreich, bis hin zum luziden Träumen. Ein luzider Traum ist ein Klartraum, in dem sich der Träumer bewusst ist, dass er träumt. Er verfügt im Traum über alle seine Sinne und kann den Traum steuern. Auch die Traumumgebung und die anderen Traumfiguren sind im luziden Traum meist durch den Träumer steuerbar. Luzides Träumen kann erlernt werden und verspricht ein ganz besonderes Traumerlebnis.

Resümee

Entwickeln Sie Strategien, um mit schwierigen Situationen umzugehen, damit Sie sich nicht so schnell überreizt fühlen.

Eignen Sie sich Entspannungstechniken an.

Sorgen Sie für eine ruhige Umgebung beim Schlaf.

3.5 *Kunst und Wissenschaft*

- ***Haben Sie eine ausgeprägte künstlerische Ader?***

- ***Empfinden Sie Kunst als eine Art Berufung?***

- ***Lassen Sie sich durch bestimmte Musik stark berühren?***

- ***Nehmen Sie Kunst mit allen Sinnen wahr?***

- ***Fühlen Sie sich sehr beeindruckt durch Malerei, Musik und Bauwerke?***

- ***Oder haben Sie einen tiefgehenden Sinn für Naturwissenschaften?***

Hochsensible Personen nehmen Kunst mit allen Sinnen gleichzeitig und sehr umfassend wahr. Sie können staunend lange Zeit vor einem Bild stehen und es auf sich wirken lassen oder tief versunken Musik hören. Dabei entstehen in ihrem Inneren bunte und bewegte Bilder und die unterschiedlichsten Emotionen.

Hochsensible Personen nehmen wesentlich mehr Informationen auf als andere, dadurch bedingt haben sie ein äußerst reichhaltiges Innenleben, das durch die Wahrnehmung von Kunst noch weiter angeregt wird.

Auch Filme rufen eine besonders tiefgehende Wirkung hervor. Durch die Dramaturgie, die durch die Filmmusik noch unterstützt wird, werden besonders starke Emotionen hervorgerufen. Heutzutage werden viele Filme mit Effekthascherei, schnellen Kameraschwenks und nicht harmonisch abgestimmter Lautstärke produziert.

Ein Kinobesuch kann für einen Hochsensiblen dadurch zum Martyrium werden. Die Filme wirken bei ihm auch unüblich lange nach, besonders im Schlaf oder in der Meditation.

Zudem gibt es sehr viele Naturwissenschaftler unter den hochsensiblen Personen. Sie lieben die exakte Arbeit und gehen den Dingen besonders gerne auf den Grund. Meist werden sie für ihr Pflichtbewusstsein und ihre Zuverlässigkeit sehr geschätzt. Ich selbst bin kein besonders künstlerischer Mensch, ich gehöre zu den Naturwissenschaftlern. Ich kann nicht genug davon bekommen, Naturgesetze zu erforschen.

So kann sich die Hochsensibilität völlig unterschiedlich zeigen, der eine geht in künstlerischen, kreativen Dingen auf, malt, musiziert oder widmet sich der Bildhauerei, und der andere läuft stundenlang durch die Natur, um Tiere zu beobachten, und versucht dann mittels Büchern und Dokumentationen, den Dingen auf den Grund zu gehen.

Resümee

Hören Sie in sich hinein, welcher Passion Sie folgen sollen.

Gehen Sie der Tätigkeit nach, die Sie so erfüllt, dass Sie Raum und Zeit darüber vergessen.

3.6 Wohnung, Einrichtung und Ästhetik

- ***Haben Sie ein fein ausgeprägtes Gefühl für Ästhetik?***

- ***Sind Ihnen grelle Farben zuwider?***

- ***Lieben Sie es, Formen und Farben zu kombinieren?***

- ***Fallen Ihnen Stilbrüche schnell ins Auge?***

- ***Wirken Bilder auf Sie harmonisch, ohne dass Sie genau wissen warum?***

- ***Fällt es Ihnen sofort auf, wenn sich etwas im Raum verändert hat?***

Ich liebe eine spartanische Einrichtung. Nein, nicht zu spartanisch. Aber ich mag keinen Schnickschnack herumstehen haben, Staubfänger nenne ich solche Dinge. Sie lenken mich nur vom Wesentlichen ab.

Auch bunte oder intensive Farben bereiten mir Unwohlsein. Ich brauche ein harmonisches, geschmackvolles Umfeld in gedeckten Farben. Ich hasse Kitsch, und es ist mir unvorstellbar, dass es ihn in jeder Generation gibt. Früher dachte ich, das gäbe es nur bei meiner Elterngeneration, aber nein, auch die Jugend von heute sieht Sachen als modisch an, die ich schon früher völlig untragbar fand.

Hochsensible Menschen reagieren besonders empfindlich auf Disharmonien. Harmonie entsteht, wenn zwischen den Farben eine ausgewogene Ordnung im Sinne von Ästhetik und Ruhe besteht und Gegensätze ausgeglichen werden. Harmonie ist laut Duden eine wohltuende Empfindung, ein schwer zu beschreibendes subjektives Erlebnis. Alle Farben und Farbkombinationen wirken über den Sehvorgang auf den Menschen ein und verursachen den für sein seelisches Gleichgewicht notwendigen optischen Reiz.

Farbkombinationen, die hinsichtlich Farbton, Helligkeit und Sättigung als wohltuend und ästhetisch empfunden werden, nennt man Farbharmonie.

„Bunt ist meine Lieblingsfarbe", dieser Ausspruch stammt mit an Sicherheit grenzender Wahrscheinlichkeit nicht von einem hochsensiblen Menschen. Farbigkeit unterscheidet sich durchaus von Buntheit. Der Unterschied liegt darin, dass bei Farbigkeit mindestens ein Farbbereich (Rot, Gelb oder Blau) weggelassen wird. Farben, die nahezu die gleiche Helligkeit besitzen, weisen eine Ordnungssystematik auf, die auf Menschen unbewusst harmonisch wirkt.

Farben sind ein wichtiger Bestandteil unseres Lebens und besitzen eine tiefgehende Wirkung auf unsere Psyche. Genau genommen existieren Farben in der Natur nicht, sondern sie sind lediglich ein Produkt unserer Sinneswahrnehmung. Erst durch das Sonnenlicht mit seinen unterschiedlichen Wellenlängen ist das menschliche Auge in der Lage, Farben wahrzunehmen. Jede Farbe kann durch die Mischung der Farben Rot, Blau und Gelb dargestellt werden. Rot, Blau und Gelb sind sogenannte Primärfarben. Diese Primärfarben können nicht aus anderen Farben gemischt werden. Mischt man zwei Primärfarben miteinander, entsteht eine Sekundärfarbe.

Zum Beispiel wird aus Blau und Gelb die Farbe Grün oder aus Rot und Gelb die Farbe Orange. Man kann diese Farben mithilfe eines Farbenkreises darstellen. Jeder Primärfarbe liegt im Farbenkreis eine Sekun-

därfarbe gegenüber, die sogenannte Komplementärfarbe. Kombiniert man diese Farbenpaare, bilden sich sehr harmonische Kontraste. Jeder Farbton hat seine eigene Wirkung auf unsere Psyche.

Wir halten uns viele Stunden in unserer Wohnung auf und können uns die Wirkung der Farben bei der Raumgestaltung zunutze machen. Farben können durchaus die subjektiv wahrgenommene Größe und Temperatur eines Raumes beeinflussen. Mit Dispersionsfarben, Lasuren und Lacken lassen sich Wände und sogar Möbel individuell gestalten. Man unterscheidet warme und kalte Farben. Warme Töne sind Rot, Orange und Gelb. Zu den kühleren Farben gehören Blau, Grün und Violett. Aber auch innerhalb einer Farbe unterscheidet sich der wahrgenommene Ton. Ein Zitronengelb wirkt wesentlich kühler als ein Sonnengelb, das buchstäblich warm auf uns wirkt. Auch die Lichtverhältnisse in einem Raum sind nicht zu vernachlässigen, was die Farbwirkung anbelangt. Ein lichtdurchfluteter Raum in Südlage wird immer wärmer wirken als ein dunklerer nach Norden ausgerichteter Raum.

Beachtet werden sollte auch die Farbintensität. Jede reine Farbe kann mit Weiß oder Schwarz abgetönt werden und somit ihre Farbintensität verändern. Damit wird der Hell-Dunkel-Kontrast einer Farbe verändert, während der Farbton gleich bleibt. Damit kann man interessante Ton in Ton gehaltene Farbkombinationen schaffen. Helle Farben sind dezent und weichen optisch zurück, sie lassen einen Raum größer wirken, wohingegen dunkle Farben scheinbar auf den Betrachter zukommen und einen Raum kleiner machen. Mit Komplementärfarben lassen sich wunderbare Kontraste schaffen, wenn sie sparsam eingesetzt werden. Hochsensible Menschen empfinden starke Kontraste sehr schnell als aufdringlich und unangenehm. Intensive Farbtöne passen nur in große Räume und sollten generell nur sparsam Verwendung finden. Gut geeignet sind sie, um Vorsprünge, Nischen oder Balken zu kolorieren, so lassen sich unaufdringliche Akzente setzen.

Wem selbst dies als zu unruhig erscheint, sollte seine Räume Ton in Ton halten. Je näher dabei die Farbtöne beieinander liegen, desto harmonischer ist die Gesamtwirkung. Harmonisch wirkt auch die Kombination von Farben, die im Farbkreis nebeneinander liegen. Damit ein Wohnraum harmonisch wirkt, gehören allerdings auch passende Möbel, Vorhänge, Bilder, Leuchten und Dekorationen dazu. Man sollte die Wirkung einer geschmackvoll eingerichteten Wohnung auf das Wohlbefinden, gerade bei hochsensiblen Menschen, nicht unterschätzen. Eine ruhige Wohnung mit ästhetischer Innenausstattung, möglichst neben einem grünen Erholungsgebiet gelegen, was kann es Schöneres geben.

Wirkung der Farben auf die Psyche:

Rot: *Wirkt stimulierend, aktivierend, belebend bis hin zu aufregend, steigert das Selbstwertgefühl, wirkt appetitanregend, vital und dynamisch bis hin zur Entstehung von Unruhe.*

Orange: *Wirkt aufbauend und leistungssteigernd, anregend, freudig, leicht, strahlt Wärme und Wohlbehagen aus, macht kreativ und hilft gegen schlechte Laune.*

Gelb: *Wirkt positiv, fördert die Konzentration, muntert auf, indem es den Geist anregt, stärkt die Nerven und hilft somit bei einer Vielzahl von Ängsten und Spannungen. Gelb bringt einfach Sonne ins Gemüt.*

Grün: *Wirkt ausgleichend und harmonisierend, beruhigt die Nerven, wirkt gegen Schlafstörungen, indem es Ruhe fördert, wirkt erholsam und vitalisierend und bringt Harmonie ins Leben.*

Blau: *Wirkt harmonisierend, entspannend und schlaffördernd, dämpft Unruhezustände und Nervosität. Blau ist eine mentale Farbe, sie steht für den Geist und begünstigt Sachlichkeit und Genauigkeit der Gedanken.*

Violett: *Wirkt ausgleichend und regenerierend, fördert das innere Gleichgewicht. Violett stärkt das Gefühl für Frieden und Mitgefühl, steigert die Meditationswirkung.*

Weiß: *Wirkt rein und unschuldig, verschafft Klarheit.*

Resümee

Nutzen Sie die unterstützende Wirkung der Farben, um Ihre Psyche zu stärken.

Richten Sie sich Ihre eigenen vier Wände so ein, dass Sie sich wirklich wohl und geborgen darin fühlen.

Lassen Sie sich nicht von Modetrends leiten, sondern hören Sie auf Ihr eigenes Gefühl und Empfinden.

3.7 Freunde und Bekannte

- *Versuchen Sie die Situation angenehmer zu gestalten, wenn sich Menschen in Ihrer Umgebung unwohl fühlen?*

- *Bemühen Sie sich um Verständnis für den anderen, bevor Sie ihn kritisieren?*

- *Haben Sie das Bedürfnis, Menschen zu schützen, die ausgenutzt werden?*

- *Versuchen Sie meist, Situationen aus mehreren Blickwinkeln zu betrachten?*

- *Bedenken Sie die Argumente der anderen, auch wenn Sie sich Ihrer Sache sicher sind?*

- *Erleben Sie sich als weichherzigen Menschen?*

Was ist ein Freund? Ist ein Freund ein Vertrauter, dem ich alles erzählen kann? Woran mache ich das fest, dass ich mich getraue, ihm alles zu erzählen? Daran, dass er mich nicht verurteilt? Dass er meiner Meinung ist? Dass er meine Meinung einfach so stehen lässt? Oder dass er mir einfach zuhört?

Manch einer hat spezielle Freunde für unterschiedliche Belange. Man spart die Themen aus, von denen man weiß, dass man sich über sie nicht einig ist. Freundschaften verändern sich mit zunehmendem Alter.

Im Allgemeinen werden die Freunde im Alter weniger, nicht weil sie sterben, sondern weil man höhere Ansprüche an die Freundschaft stellt. Ist das Selbstwertgefühl gestiegen, braucht man keinen Freund, der einen ständig bestätigt, damit man sich gut fühlt.

In der Jugendzeit neigte ich dazu, mich dort wohlzufühlen, wo sich meine Freunde wohlfühlten. In der Zwischenzeit fühle ich mich wohl, wo ich mich wohlfühle. Freundschaft kann in einem innigen Austausch über Themen bestehen, die beide interessieren, und setzt somit eine ähnliche Wellenlänge voraus. Doch im Zeitalter der sozialen Medien wollen Menschen sich oft mit besonders vielen Freundschaften auszeichnen und verkennen dabei, worum es eigentlich geht.

Freundschaft wird mittlerweile auch sehr zur Schau gestellt. Ich mag sehr gerne das Gefühl von Nähe und Verbundenheit mit mir sehr vertrauten Personen.

Heutzutage wird man aber auch von Bekannten sehr eng, also sehr intim, begrüßt, zum Beispiel mit Umarmung und Küssen. Mir ist allerdings oftmals schon das Händeschütteln zu viel. Bei einer förmlichen Vorstellung würde meiner Meinung nach ein Kopfnicken ausreichen.

Ich mag es auch nicht, wenn mich Menschen, die ich gar nicht zu meinem Freundeskreis zähle, vertraut an die Schulter fassen. Aber ich habe mich damit arrangiert.

Mir fällt es inzwischen sogar auf, wenn der andere keine Anstalten macht, mich mit Umarmung und Küssen zu begrüßen, und ich begrüße ihn dann natürlich auch nicht so. Anwesende Dritte reagieren dabei meist reichlich irritiert. Doch mit fehlender Sympathie hat das wirklich nichts zu tun.

Auch das Telefonieren ist eine intime Sache. Damit kann jeder, der meine Nummer hat, in meine persönliche Sphäre eindringen. Seitdem die Nummer auf dem Telefon angezeigt wird, weiß man wenigstens, wer anruft. Ich gehe nur ganz selten an den Apparat, wenn die Rufnummer unterdrückt wird.

Hochsensible Personen möchten alles richtig machen, möchten keinen Stress, keine Aufregung und wollen mit allen gut auskommen, deshalb neigen sie dazu, erst einmal mit jedem gut Freund zu sein. Erst wenn sie feststellen, dass sie dies letztendlich psychisch belastet und sie oftmals als „seelischer Mülleimer" missbraucht werden, weil sie gut zuhören können und viel Verständnis aufbringen, fangen sie an, sich abzugrenzen.

Hochsensible Personen macht eine Freundschaft mit Tiefgang glücklich, sie haben meist wenige, aber sehr gute Freunde.

Hochsensible Menschen fühlen sich im Gespräch überfordert, wenn der andere dazu neigt, sprunghaft zu erzählen, und von einem Thema zum nächsten springt, ohne eines zu beenden. Sie können dem anderen nicht mehr folgen, denken noch über das Gesagte nach, während er schon beim übernächsten Thema ist. Ich ärgere mich auch über Menschen, die mich in Gesellschaft einfach ansprechen, obwohl sich gerade ganz offensichtlich jemand anders mit mir unterhält. Sie buhlen um Aufmerksamkeit und ergreifen in der kleinsten Gesprächspause das Wort, fangen aber ein anderes Thema an. Und so springen manchmal zwei unterschiedliche Gesprächsthemen hin und her.

Es gibt übrigens durchaus extravertierte Hochsensible, die sehr kontaktfreudig sind. Aber auch sie wer-

den sich sicherlich nicht, wie in den sozialen Medien üblich, überall einmischen, um ihre Meinung kundzutun.

Ich zumindest werde ungern von meinen Freunden um eine Meinung gebeten. Zwar bringe ich durchaus zu einem Thema einige Aspekte als Inspiration für den anderen ein, kann und will allerdings niemandem eine Entscheidung abnehmen. Jeder Mensch ist anders, denkt anders, hat andere Erfahrungen gemacht, und so kann ich letztendlich nur für mich selbst sprechen, wie ich mit meinem Hintergrund in dieser Situation reagieren würde. Ich kann nicht wissen, wie der andere in dieser Situation reagieren sollte, das kann nur er alleine entscheiden.

Was mir besondere Probleme bereitet, ist das Schwarz-Weiß-Denken mancher Menschen. Für mich gibt es auch eine Vielzahl von Grautönen, nicht die Wahrheit schlechthin. Man braucht nur einen Parameter der Situation verändern, und schon hat man eine andere Grauschattierung. Prallen sehr unterschiedliche Einstellungen aufeinander, kommt es schnell zu einem Streitgespräch, das mit dem ursprünglichen Thema nichts mehr zu tun hat. Hier gibt meist nicht der Klügere nach, sondern der Sensiblere. Die ausgeprägte Empathie hochsensibler Menschen schützt sie oft vor egoistischem Verhalten.

Hochsensible Personen sind meist nicht sehr schlagfertig, ihnen fallen die besten Entgegnungen oft erst am nächsten Tag ein. Sie halten sich gerne mit ihren Äußerungen zurück, was von andern oftmals als Arroganz aufgefasst wird.

Wenn Hochsensible aber derart unter Druck geraten, dass sie sich anders nicht mehr zu helfen wissen, zeigen auch sie durchaus Temperamentsausbrüche und fangen dann sogar an zu schreien.

Resümee

Trennen Sie sich von Energieräubern und lassen Sie sich nicht als „seelischen Mülleimer" benutzen.

Nehmen Sie niemandem eine Entscheidung ab.

4. Kapitel

Persönliches Schlusswort

Suchen Sie den Sinn des Lebens?

Ist es für Sie besonders wichtig, aufregende oder überfordernde Situationen in Ihrem Leben zu vermeiden?

Fühlen Sie sich schnell überlastet?

Wünschen Sie sich mehr Ruhe und Erholungszeiten in Ihrem Leben?

Hochsensible Personen sind meist philosophisch veranlagt und auf der Suche nach einem höheren Sinn. Sie sind auf einem spirituellen oder einem naturwissenschaftlich-atheistischen Weg.

Es gibt viele Tipps für hochsensible Personen, die vor allem dazu dienen, zur Ruhe zu kommen. Zum Einschlafen kann man ein Mantra verwenden, das vom Grübeln abhält, so kann man die Gedanken wie Wolken vorbeiziehen lassen. Tagsüber kann man, wenn es die Zeit erlaubt, Asanas ausüben, dies dient hervorragend zur Cortisolsenkung. Auch eine Dusche wirkt gegen

Erregungszustände. Zur Erholung sollte man viel Zeit mit sich selbst verbringen.

Wichtig ist aber auch, die Balance zwischen Ruhe und Aktivität zu finden. Die meisten hochsensiblen Personen fühlen sich am wohlsten, wenn sie emotionale Schwankungen klein halten. Um zur Ruhe zu kommen, ist es von besonderer Bedeutung, dem Leben zu vertrauen. Dies kann gelernt werden, entweder in der Kindheit, vermittelt durch die Eltern oder eine nahe Bezugsperson, oder später durch Meditation.

Ich habe im Alter von 22 Jahren angefangen zu meditieren. Es war neu, es war interessant, die Leute, die ich kennenlernte, waren sehr rücksichtsvoll und sensibel, vermutlich befand sich darunter so manche hochsensible Person. Ich merkte, dass es um die eigene Erkenntnis geht, nicht um Einsichten, die von anderen Personen übernommen werden.

Nur durch eigenes Nachdenken kann man zur Erkenntnis gelangen. Nicht zufällig waren in früheren Zeiten hochsensible Personen häufig Priester, Berater, Schreiber oder Denker. Ich hörte viel zu, beschäftigte mich mit östlichen wie westlichen Glaubensauffassungen und praktizierte dabei regelmäßig Meditation. Und ganz langsam bemerkte ich eine Veränderung in meinem Leben. Es fühlte sich an, als ob immer wieder ein

Schleier von meinen Augen weggezogen wurde. Ich hatte den Eindruck, immer deutlicher zu erkennen. Man kann es vielleicht Intuition nennen, dieses klare Gefühl, wo mein eigener Weg liegt, dieses Empfinden dafür, was mir guttut und was nicht.

Entscheidend ist, immer weniger zu werten, sondern das Leben anzunehmen und das Beste aus der augenblicklichen Situation zu machen, nicht mit dem Schicksal zu hadern, sondern den Samen zu legen für das, was man sich in der Zukunft wünscht.

Andere Menschen kann man so sein lassen, wie sie sind, es ist ihr Leben, man hat nicht die Aufgabe, dieses zu verändern. Ich habe auch die Intuition entwickelt, Menschen zu erkennen, die mir nicht guttun, weil sie mir zu viel Energie rauben oder mir Schlechtes nachsagen. Ihnen gehe ich besser aus dem Weg. Ich kann inzwischen Intuition und Ratio sehr gut verbinden und bin somit zu einem ganzheitlichen Denken gekommen.

Ändern sich meine Erkenntnisse in Bezug auf ein Thema, scheue ich mich nicht, meine Pläne zu ändern, es wird sicherlich seinen Sinn haben, denn ich fühle mich dann im Einklang mit mir.

Es ist nichts unveränderlich im Leben, dies sollte man sich durchaus öfters vor Augen führen. Was sich heute wie ein großer Misserfolg anfühlt, kann morgen

ein großer Glücksfall sein. Ein hochsensibler Mensch hat sehr feine Antennen, schafft er es dann, bei sich zu bleiben, sich nicht zu überfordern, dann kann er sich ganz nach Wunsch ins Leben einbringen – ins ruhige Leben in der Natur oder auch ins bewegte Leben mit vielen Menschen.

Ich habe gelernt, geistig zurückzutreten und das ganze Szenario um mich herum aus einem gewissen Abstand zu betrachten. Durch diese Lockerheit fühle ich mich nicht so schnell überlastet und erkenne oftmals Dinge, die mir sonst verborgen blieben.

Ich habe mit den Jahren gelernt, ein bewusstes Leben zu führen, ich ernähre mich gesund und lebe möglichst umweltbewusst, treibe mit Freude Sport und versuche, die Welt zu ergründen.

Ich erfreue mich an meiner Hochsensibilität, da ich mit meinen feinen Antennen vieles mitbekomme, was meiner Umwelt verborgen bleibt. Ich habe ein gesundes Selbstvertrauen entwickelt, kann immer besser Kritik annehmen, indem ich sie mir vorurteilslos ansehe und dann entscheide, ob sie zutreffend ist.

Ich habe gelernt, meine Meinung zu vertreten, nicht vehement, sondern als Impuls für andere, so wie auch ich vieles aus meiner Umgebung aufnehme. Und ich habe die Zuversicht gewonnen, dass immer das Richtige

in meinem Leben geschieht, auch wenn ich es im Moment vielleicht noch nicht durchschaue. Jede Situation, auch eine vermeintlich negative, birgt in sich die Möglichkeit, zu meiner Entwicklung beizutragen. Kurzum: Ich habe großes Urvertrauen und wünsche dies auch jedem anderen Menschen.

Wichtig für mein Wohlbefinden ist es, meiner Prioritätenliste nachzukommen. Ich fühle mich gut, wenn ich eine Aufgabe geschafft habe und diese abhaken kann. Doch um nach einer Prioritätenliste handeln zu können, braucht man Durchsetzungsvermögen. Nachdem ich erkannte, wie wichtig das Handeln nach Prioritäten ist, fiel es mir leichter, mein Durchsetzungsvermögen zu verbessern. Auch hier gilt, Übung macht den Meister.

Es gilt, Stress zu vermeiden, denn die Fehleranfälligkeit gerade bei Hochsensiblen steigt unter Stress enorm. Zeitdruck führt zu Kontrollverlust. Hochsensible Personen sind Perfektionisten. Um sich wohlzufühlen, müssen sie sich vom Urteil anderer unabhängig machen. So traue ich meinem eigenen Urteil mehr als dem Urteil anderer. Ich kenne mich selbst am besten, und wenn ich mich selbst entscheide, dann kann ich auch die Konsequenzen meines Handelns tragen.

Wichtig für mich sind Rituale, Entspannungstechniken und ein regelmäßiger Tagesablauf. Ich habe mir dadurch Reaktionen, die für Hochsensible typisch sind, abtrainiert, wie zum Beispiel Panik bei Kontrollverlust. Wie man einem Pferd, das ja ein Fluchttier ist, Panikreaktionen abtrainieren kann, indem man es langsam und kontrolliert den Reizen aussetzt, die zur Panik führen, kann man sich auch selbst desensibilisieren.

Man kann sich selbst bewusst den Situationen aussetzen, die einem unangenehm sind, in einem Ausmaß, das zwar unangenehm aber noch erträglich ist. Jeder, auch eine hochsensible Person, hat einen Entscheidungsspielraum.

Desensibilisierung funktioniert ähnlich wie Yoga-Asanas, mit denen man an die Dehnungsgrenze des Körpers geht. Indem man auch an die Grenze der Seele und des Geistes geht, kann man sein bewusstes Erleben immer weiter ausdehnen und seine Grenzen erweitern.

Oftmals wird empfohlen, dass man an seinen Schwächen arbeiten soll. Ich habe die Erfahrung gemacht, dass es sinnvoller ist, sich auf seine Stärken zu konzentrieren und keine Energie den Schwächen zukommen zu lassen, sie verschwinden von selbst.

Hochsensible Personen sollten lernen, nicht so schnell den Rückzug anzutreten, das führt zur Isolation und zum Verlust der Freude am eigenen Gestalten. Ich habe gelernt, aus dem Hintergrund herauszutreten und

mich auch einmal auf die Bühne zu stellen. Auch hochsensible Menschen können strahlend auf einer Bühne stehen.

Ich lasse mich kaum in Streitereien verwickeln, das verbraucht nur Energie. Egal, ob hochsensibel oder nicht, jeder braucht Verständnis und Unterstützung, es ist ein Geben und Nehmen, achten Sie darauf, dass Sie Unterstützung auch annehmen.

Mit einem guten Selbstmanagement kommen Sie dem bewussten, positiven Leben als hochsensible Person Schritt für Schritt näher.

Sollten Sie das Gefühl haben, es nicht aus eigener Kraft zu schaffen, dann versuchen Sie es mit einem Coaching. Aber geben Sie die Verantwortung nicht an Ihren Coach ab, er ist nur dazu da, Ihnen Impulse zu geben.

Gehen Sie zum Yogakurs, in eine Meditationsakademie oder vielleicht sogar einmal ins Kloster. Lassen Sie die Erfahrungen auf sich wirken. Nehmen Sie keine Lehren als unumstößlich an und versuchen Sie, kein Sendungsbewusstsein zu entwickeln.

- **Was ist Ihnen besonders wichtig?**
- **Was möchten Sie unbedingt erreichen?**
- **Was würden Sie tun, wenn Sie nur noch ein Jahr zu leben hätten?**

Mit diesen Überlegungen kommen Sie Ihren inneren Grundwerten immer näher. Und vor allem:

Übernehmen Sie die Verantwortung für das, was in Ihrem Leben geschieht.

dielus **edition**

Bücher für ein besseres Leben

Entdeckt werden statt bewerben

Sicherheit und Karriere durch Networking

ISBN 978-3-9815711-4-1

Der Einzelkämpfer, der ausschließlich auf Leistung setzt, ist out. Vielmehr wird heute die Mehrzahl aller Aufstiegschancen über Netzwerke vergeben. Damit ist der Grad an beruflicher und gesellschaftlicher Integration zum Hauptfaktor für einen erfolgreichen Karriereverlauf geworden.

Ob am aktuellen Arbeitsplatz oder in der gesamten Branche, Angestellte müssen heute mehr auf sich aufmerksam machen, damit sie nicht übergangen werden, wenn interessante Positionen vergeben werden. Dies gelingt durch Networking. Die Chance, zum richtigen Zeitpunkt am richtigen Ort von der richtigen Person entdeckt zu werden, erhöht sich maßgeblich.

Mit diesem Buch können Sie sich ein solches Netzwerk aufbauen. Schritt für Schritt wird Ihnen aufgezeigt, wie Sie es bewerkstelligen können, bei Firmen und Entscheidungsträgern einen höheren Bekanntheitsgrad zu erreichen. In der Folge werden Sie mehr Insiderinformationen und attraktive Angebote erhalten. Damit können Sie dynamischen Zeiten nicht nur gelassener entgegentreten, sondern auch schneller Ihre individuellen Lebens- und Karriereziele erreichen.

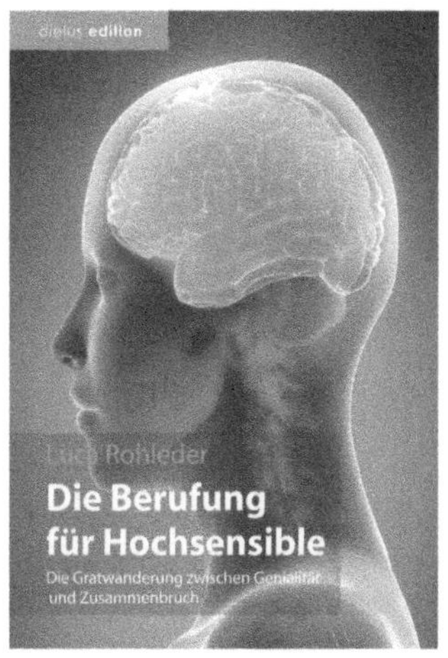

dielus **edition**

Bücher für ein besseres Leben

Die Berufung für Hochsensible
Die Gratwanderung zwischen Genialität und Zusammenbruch
ISBN 978-3-9815711-4-1

Hochsensible Menschen spüren sehr wohl, dass tief in ihnen etwas schlummert, das nur darauf wartet zu erwachen. Sie wissen, dass sie über viele Talente verfügen, können diese aber nicht konkret beim Namen nennen. So sind sie selten imstande, aus ihren Stärken Kapital zu schlagen.

Vielmehr haben sie oft die Befürchtung, mit den neuen Herausforderungen eines veränderten Arbeitsmarkts nicht mehr Schritt halten zu können. Was bleibt ist manchmal eine nicht enden wollende und quälende Suche nach dem richtigen Platz in der Berufswelt.

Der erfahrene und hochsensible Jobcoach Luca Rohleder hat dafür ein psychologisches Modell entwickelt, das nicht nur die Aufteilung des Egos in mehrere Ichs umfasst, sondern vor allem auch viele spirituelle Aspekte mit einfließen lässt. Sie erhöhen damit den Grad Ihrer Selbsterkenntnis und es wird sich Ihnen vieles offenbaren, was Sie bisher als unerklärlich empfanden. Der Autor wird Ihnen aufzeigen, dass Sie nicht nur über geniale Gaben verfügen, sondern dass diese tatsächlich auf eine ganz bestimmte Berufung abzielen.

dielus **edition**

Bücher für ein besseres Leben

In vier Wochen zum besseren Job

Durch zeitgemäße Bewerbungsstrategien schneller zum Erfolg

ISBN 978-3-9815711-0-3

Jobsuchende müssen heute moderne Informationstechniken beherrschen, um zu erfahren, wie, wann und wo die besten Positionen zu besetzen sind. Viele Vakanzen werden heute nicht mehr als Stellenanzeige öffentlich ausgeschrieben. Selbst die Form sich initiativ zu bewerben, stößt bei vielen Arbeitgebern immer öfter auf Ablehnung. Neue Strategien sind vonnöten. Zugleich sind die in Unternehmen heute üblichen rationalisierten Betriebsabläufe zu berücksichtigen. Es wird in der Hauptsache telefoniert, gemailt und persönlich gesprochen. Dabei werden von Bewerbern aussagekräftige Informationen erwartet.

Dieses Buch bietet Ihnen zu alledem eine detaillierte Anleitung. Von der Ausarbeitung einer eigenen „Beruflichen Botschaft", über innovative Recherche- und Bewerbungstechniken, bis hin zur erfolgreichen Bewältigung von Vorstellungsgesprächen.

Sie werden mehr Vakanzen ausfindig machen, gekonnt mit den richtigen Ansprechpartnern kommunizieren und schneller attraktivere Zusagen erhalten. Auf diese Weise ist es möglich, in nur wenigen Wochen einen besseren Job zu finden.

Jobsuche mit 45plus
Im besten Alter gelten andere Bewerbungsregeln
ISBN 978-3-9815711-3-4

Ab der Lebensmitte führen herkömmliche Bewerbungsstrategien nicht mehr zum Erfolg. Zum einen werden die besten Positionen für diese Zielgruppe oft nicht mehr öffentlich ausgeschrieben, zum anderen müssen Lebens- und Berufserfahrungen mehr in den Fokus gestellt werden. Mit dem bloßen Versenden von Bewerbungsunterlagen können nur noch selten Jobs ergattert werden, die für gestandene Persönlichkeiten attraktiv sind.

Mit diesem Bewerbungsratgeber können Sie diese Problematik lösen. Er ist auf Ihre Ausgangssituation ideal zugeschnitten. Sie bekommen aufgezeigt, wie Sie Elemente aus der Verkaufs- und Netzwerkphilosophie auch für Ihre Jobsuche gewinnbringend einsetzen können.

Sie werden von den besten Stellen erfahren, auch wenn diese nicht als Inserate in Print- oder Onlinemedien erscheinen. Ihr Selbstmarketing wird sich verbessern und dem Wettbewerb mit Jüngeren werden Sie sich geschickt entziehen können.

Der Autor stellt dazu ein innovatives Drei-Stufen-Konzept vor. Schritt für Schritt wird Ihnen nähergebracht, wie Sie Ihre Jobsuche erfolgreich bewältigen können.